广西高等学校人文社会科学重点研究基地"区域社会治理创[新]"
教育部人文社会科学研究项目"高层管理团队与中层管理者的互动对战略决策质量及执行质量的影响研究（12YGC630247）"资助成果

高管团队与中层管理者的互动对战略决策质量及执行质量的影响

GAOGUAN TUANDUI YU ZHONGCENG GUANLIZHE DE HUDONG
DUI ZHANLUE JUECE ZHILIANG JI ZHIXING ZHILIANG DE YINGXIANG

熊 斌 / 著

知识产权出版社
全国百佳图书出版单位
—北京—

图书在版编目（CIP）数据

高管团队与中层管理者的互动对战略决策质量及执行质量的影响 / 熊斌著．—北京：知识产权出版社，2019.9
 ISBN 978-7-5130-6470-5

Ⅰ.①高… Ⅱ.①熊… Ⅲ.①企业管理－战略管理－研究 Ⅳ.①F272.1

中国版本图书馆CIP数据核字(2019)第206404号

内容提要

本书主要研究了高层管理团队与中层管理者的战略管理角色及其行为、高层管理团队参与式领导对中层管理者战略建言行为的影响、企业战略决策质量与执行质量评价指标构建、高层管理团队与中层管理者的互动过程对战略决策质量及执行质量的影响机制等。本书研究结论不仅有助于丰富战略管理理论，而且为企业在实践中实现高层管理团队与中层管理者的良性互动，为提高战略决策质量及执行质量并进而提升企业绩效提供新的思路和方法指导。

责任编辑：李小娟　　　　　　责任印制：孙婷婷

高管团队与中层管理者的互动对战略决策质量及执行质量的影响
GAOGUAN TUANDUI YU ZHONGCENG GUANLIZHE DE HUDONG DUI ZHANLUE JUECE ZHILIANG JI ZHIXING ZHILIANG DE YINGXIANG

熊斌　著

出版发行：知识产权出版社 有限责任公司	网　　址：http://www.ipph.cn
电　　话：010－82004826	http://www.laichushu.com
社　　址：北京市海淀区气象路50号院	邮　　编：100081
责编电话：010－82000860转8531	责编邮箱：lixiaojuan@cnipr.com
发行电话：010－82000860转8101	发行传真：010－82000893
印　　刷：北京中献拓方科技发展有限公司	经　　销：各大网上书店、新华书店及相关专业书店
开　　本：720mm×1000mm　1/16	印　　张：10
版　　次：2019年9月第1版	印　　次：2019年9月第1次印刷
字　　数：207千字	定　　价：69.00元
ISBN 978-7-5130-6470-5	

出版权专有　侵权必究
如有印装质量问题，本社负责调换。

前　言

全球化、信息化所带来的企业经营环境的复杂性、不确定性和动态性日益增强，越来越多的企业在管理上采用团队方式进行运作，由来自企业不同部门、领域的管理精英组成的高层管理团队引领企业发展的管理模式逐渐受到企业的重视，高层管理团队的作用也日渐凸显。高层管理团队如何依据企业内外部环境的变化及时制订战略方案、有效规避风险已成为企业兴衰成败的关键。高层管理团队作为企业战略决策主体，同时在企业战略执行过程中的信息沟通、人员配置、控制和评价等活动中扮演着不可或缺的角色。

中层管理者是由企业高层管理团队任命的专门负责职能部门、产品或市场经营单位的管理者，处于组织架构的中层位置，在高层与基层之间起着桥梁纽带作用。在战略管理过程中，一方面，中层管理者通过对企业内外部环境的分析对战略决策献言献策，充当高层管理团队的"辅脑"；另一方面，中层管理者在战略执行环节则扮演了主角，战略的有效执行很大程度取决于中层管理者对企业战略的理解和支持，特别在复杂动态多变的环境下，中层管理者通过参与战略决策和战略执行担当战略管理者的作用更为明显。

尽管有学者认为高层管理团队与中层管理者在战略决策与战略执行活动中都发挥了不同程度的作用，但由于以往的战略管理文献大多将战略决策及战略执行割裂开来，并且深受传统的"战略制定于高层，战略执行在中层"观点的影响，以致以往战略管理文献鲜见对高层管理团队与中层管理者的互动及其对战略管理过程的影响研究。高层管理团队与中层管理者作为企业的两个主要管理层级，二者的互动才是战略决策及战略执行的关键，但研究人员对这种实际存在的互动却有意或无意地保持沉默,从而无法揭示二者对战略决策质量和战略执行质量的影响作用,也无法进一步探讨二者对企业绩效产生的影响。

　　本书突破传统的战略决策、战略执行研究相互割裂的状态及企业中高层管理者共同参与战略管理活动研究不足的现状,把以往研究中,将企业高层管理团队与中层管理者分别展开研究,拓展到更具实质意义的高层管理团队与中层管理者的互动研究上来,揭示了高层管理团队与中层管理者的互动对战略决策质量和战略执行质量的影响机制。本书由七章构成,第1章在提出研究问题与阐述研究意义的基础上,对相关概念进行界定与说明,并提出研究内容、方法与主要创新点;第2章在对战略管理理论、高层梯队理论、中层管理者理论、人际交往理论、信息加工理论等理论进行阐述及对高层管理团队、中层管理者对企业战略管理过程的影响、高层管理团队与中层管理者的相互影响等相关研究进行评述的基础上,寻找前期研究的不足并找出研究的空间,为高层管理团队与中层管理者的互动对战略决策质量及执行质量的影响研究奠定基础;第3章以信任为高层管理团队与中层管理者的互动基石,揭示了高层管理团队与中层管理者的战略管理角色及其行为表现;第4章从人际交往互动与领导风格理论出发,揭示了高层管理团队参与式领导对中层管理者战略建言的影响机制;第5章以国内企业为背景,构建战略决策质量与战略执行质量指标并进行标准化信效度检验;第6章在考察高层管理团队与中层管理者的互动过程维度的基础上,通过对大量样本进行问卷调查并进行结构方程建模分析,揭示了高层管理团队与中层管理者的互动过程对战略决策质量及战略执行质量的影响机制;第7章对本书的重要结论进行了总结,探讨了对管理实践的启示,同时指出了本书研究中存在的不足及后续进一步深入研究的方向。

　　本书旨在促使高层管理团队更加关注组织中中层管理者这个群体,重视他们在战略决策和战略执行中发挥的效应作用,为整合、打造高效率的高、中层次的管理梯队,为提高战略决策质量和战略执行质量并进而提升企业绩效提供理论和方法参考。本书可以作为企业中高层管理人员、政府官员、管理类专业本科生和研究生及相关领域学者学习和研究高层管理团队、中层管理者的参考书。限于作者水平,本书许多内容还有待完善和深入研究,不足之处,还恳请广大读者、专家批评指教。

熊　斌
2019 年 6 月

目　　录

第1章　绪　　论 ... 1
1.1　问题的提出与意义 ... 2
1.2　相关概念界定 ... 3
1.3　研究内容、方法与主要创新点 ... 7
1.4　本章小结 ... 10

第2章　理论基础与研究述评 ... 11
2.1　理论基础 ... 12
2.2　研究述评 ... 34
2.3　本章小结 ... 42

第3章　高层管理团队与中层管理者的战略管理角色及其行为 ... 43
3.1　高层管理团队与中层管理者的战略互动基础 ... 44
3.2　战略管理过程中高层管理团队与中层管理者的角色 ... 45
3.3　战略管理过程中高层管理团队与中层管理者的角色行为表现 ... 48
3.4　本章小结 ... 49

第 4 章 高层管理团队参与式领导对中层管理者战略建言行为的影响机制 ... 51
4.1 理论基础相关概念阐释 ... 53
4.2 理论与假设 ... 57
4.3 研究设计 ... 62
4.4 结论与讨论 ... 93
4.5 研究意义及有待进一步研究的问题 ... 96

第 5 章 企业战略决策质量与执行质量指标构建 ... 99
5.1 战略决策质量与战略执行质量指标研究综述 ... 100
5.2 研究设计 ... 102
5.3 数据分析与结果 ... 103
5.4 本章小结 ... 107

第 6 章 高层管理团队与中层管理者的互动过程对战略决策质量及执行质量的影响机制 ... 109
6.1 理论基础与研究假设 ... 111
6.2 研究设计 ... 114
6.3 本章小结 ... 119

第 7 章 研究结论、启示与展望 ... 121
7.1 主要研究结论 ... 122
7.2 管理启示 ... 124
7.3 研究局限与未来研究展望 ... 126

参考文献 ... 129

附录 调查问卷 ... 147

第1章
绪　　论

1.1　问题的提出与意义

战略决策与战略执行是战略管理的基本内容。在传统的战略管理活动中，战略决策与战略执行往往是分开的、彼此独立的活动，并且传统的战略管理观认为，高层管理团队位居组织金字塔的顶层，履行着战略决策的使命，中层管理者处在组织金字塔的中间，履行的是战略执行的功能，但随着企业经营环境的复杂性、不确定性和动态性的日益增强，这种传统的战略管理观所持的"高层管理团队制定战略而中层管理者执行战略"的观点受到许多学者的质疑。越来越多的学者认为，高层管理团队与中层管理者作为企业的两个管理层级，尽管在企业战略决策及战略执行中所承担的角色及所起的作用不同，但二者均对企业战略决策及战略执行产生不可忽视的影响。一方面，高层管理团队作为战略决策的主体，同时在战略执行中的沟通、人员配置、引导、控制和评价等活动中都扮演着不可或缺的角色[1]；另一方面，中层管理者是把企业战略规划分解为计划并转变成行动的负责人，在执行战略中发挥了重要作用，但我们也应看到，中层管理者并非纯粹的战略执行者，而是在战略决策及执行环节都发挥了关键作用[2][3]，因为与高层管理团队相比，中层管理者更接近市场和生产一线，可以为高层管理团队提供更多的信息，从而能够提高战略决策质量进而提高企业绩效，同时中层管理者作为联系高层管理团队与基层的桥梁，既与高管有着直接交流，同时也与基层有密切的联系，起着支持和加快战略执行或者降低执行质量的作用，并且中层管

---

[1] 席酉民. 和谐理论与战略 [M]. 贵阳：贵州人民出版社，1989.

[2] ROULEAU L, BALOGUN J. Middle managers, strategic sen-semaking, and discursive competence[J]. Journal of management studies, 2010, 48（5）:954-984.

[3] 丛龙峰，杨斌. 论战略人力资源管理对战略形成的影响 [J]. 管理学报，2012（11）：1616-1626.

理者参与战略决策有利于形成其对战略的认同，提高战略执行质量进而提高企业绩效。

尽管高层管理团队与中层管理者的合作对企业战略管理的重要性已是学术界公认的事实，但目前有关高层管理团队和中层管理者对企业战略管理过程的影响研究却还是沿着两条平行线单向发展，极少关注高层管理团队与中层管理者之间的互动对战略管理过程及战略决策质量及执行质量的影响。因此，考察高层管理团队与中层管理者互动过程对企业战略决策质量及战略执行质量的影响有重要的理论价值与实践意义。

理论意义主要表现在：本书把既有的高层管理团队与中层管理者沿着各自梯队层面的研究框架拓展到更具实质意义的高层管理团队与中层管理者的互动研究上来，同时突破了战略决策与战略执行研究的割裂状态，实现了二者的连续性并以此来阐释对组织绩效的影响。通过深入分析高层管理团队与中层管理者的互动对战略决策质量和战略执行质量的影响机制，进而探讨对组织绩效的影响，这不仅有助于丰富战略管理理论，也是高层管理团队理论的研究者们一直努力的目标，并为研究高层管理团队和中层管理者探索出一条创新的研究路径。

实践意义主要表现在：本书将促使高层管理团队关注中层管理者群体，重视他们在战略决策和战略执行中发挥的共同效应作用，而不是以往只改变高层管理团队组成的形式来发挥自身的影响力，这为促进企业战略的有效管理，为整合、打造高效率的高、中层次的管理梯队，实现高层管理团队与中层管理者的良性互动及有效运作，并为提升组织绩效提供新的思路和方法指导。

1.2 相关概念界定

为使研究思路清晰准确，本节对书中出现的重要概念加以界定与说明。本书包含涉及"高层管理团队""中层管理者""战略决策质量""战略执行质量"四个重要的概念，"战略决策质量"与"战略执行质量"概念将在第五章作详细的论述。本节主要对"高层管理团队"和"中层管理者"的概念进行界定与说明。

1.2.1 高层管理团队

高层管理团队的概念最初源于西尔特（Cyert）和马奇（March）提出的"高管联合"[①]，而后"高层梯队"理论[②]提出来，艾茉森（Amason）[③]对高层管理团队的内涵进行了阐释，但迄今为止学术界对高层管理团队概念仍没有统一的界定，学者们一般在相关理论基础上根据自己研究的需要来界定高层管理团队的组成，卡彭特（Carpenter）等人[④]对之进行了概括总结，本书在其基础上结合近些年的高层管理团队研究情况进行了总结，如表 1-1 所示。

表 1-1 以往关于高层管理团队的定义

作者	定义	资料来源
艾茉森（1996）	由 CEO 认可的参与战略决策的高管	CEO 访谈
汉布瑞克（Hambrick）等（1996）	副总级别以上的所有高管	商业出版物
塔什曼（Tushman）和罗森科普夫（Rosenkopf）（1996）	CEO 和其直接下属	商业出版物
盖勒卡尼茨（Geletkanycz）和汉布瑞克（1997）	副总级别以上的所有高管	行业资料
桑德斯（Sanders）和卡彭特（1998）	副总级别以上的所有高管	公司报告
艾茉森和穆尼（Mooney）（1999）	由 CEO 认可的参与战略决策的高管	CEO 访谈
戈登（Gordon）等（2000）	档案上所有列举的高管	档案
伯格（Bergh）（2001）	副总级别以上的所有高管加其他属于董事会成员的高管	行业资料
卡彭特和弗雷德里克森（Fredrickson）（2001）	组织管理层中的最高两级别高管	行业资料
瓦格纳（Wagner）（2001）	包括了既是公司管理成员又是公司董事会成员的高层管理者	企业年鉴
贝特朗（Bertrand）等（2003）	薪酬最高的前五名高管	Execucom 数据库
克（Kor）（2003）	所有高层经理，包括 CEO、COO、业务单元领导和副总	岗位说明书
阿乌（Auh）和蒙克（Menguc）（2005）	组织内提供关键组织决策的人	CEO 访谈
陈晓红、张泽京和曾江洪（2006）	主要包括董事会成员、总经理、副总经理、董事会秘书、财务总监、各部门负责人等高级管理人员	CEO 访谈

---

① CYERT R M, MARCH J G. A Behavioural theory of the firm[M].Englewood:Prentice Hall, 1963.

② HAMBRICK D C, MASON P A.Upper echelons: the organization as a reflection of its top managers[J].The academy of management review, 1984, 9（2）:193-206.

③ AMASON A C. Distinguishing the effects of functional and dysfunctional conflict on strategic decision making: Resolving a paradox for top management teams[J].Journal of academy management, 1996, 39: 123-148.

④ CARPENTER M A, GELETKANYCZ M A, SANDERS W G. Upper echelons research revisited: antecedents, elements, and consequences of top management team composition[J]. Journal of management, 2004, 30（6）: 749-778.

续表

作者	定义	资料来源
葛玉辉（2007）	参与公司经营决策和战略决策，对企业的经营管理有很大决策权和控制权的相关群体，包括董事长、总经理、各部门总监（如人力资源总监、运营总监、财务总监）等	商业出版物
坎内拉（Cannella）等（2008）	副总级别以上的所有高管	行业资料
布恩（Boone）等（2009）	由 CEO 认可的参与战略决策的高管	CEO 访谈
厄泽尔（Ozer）（2010）	所有高层经理，包括 CEO、COO、CFO 和副总	COMPUSTAT 数据库
姚振华（2010）	拥有企业决策权和决策执行权，负责企业管理的高层	行业资料
布恩（2011）	由 CEO 认可的参与战略决策的高管	CEO 访谈

根据以上研究分析，关于高层管理团队界定主要存在以下方法：直接向公司总裁或总经理发放问卷进行调查，由总裁确定公司 TMT（高层管理团队）成员组成[1][2]；研究者通过与总裁或总经理进行深度访谈，根据企业的具体情况来确定 TMT 组成[3][4]；根据上市公司报告、年鉴等可查询的文献中披露的管理者的职位来确定其是否属于高层管理团队成员等[5][6][7]。为较准确地确认真正参与战略决策的公司高级管理者，在高层管理团队的实证研究中，较多采用直接向 CEO 或总经理发放问卷及与 CEO 或总经理深度访谈的形式，并且由于该形式的开展在基于 CEO 或总经理支持的前提下进行，也更有利于收集实证所需的数据。

不同研究者对高层管理团队界定选取的方法不同，包含的内容也不尽相同，但有一点一致的是：高层管理团队成员身处组织金字塔的最高管理层级，属于

---

[1] BOEKER W. Strategic change: the influence of managerial characteristics and organizational growth[J]. Academy of management journal, 1997, 40（1）: 152-170.

[2] SUTCLIFFE K M. What executives notice: accurate perceptions in top management teams[J]. Academy of management journal, 1994, 37（5）: 1360-1378.

[3] EISENHART K M, SCHOONHOVEN C B. Organizational growth: linking founding team, strategy, environment, and growth among U.S. semiconductor ventures 1978—1988[J]. Administrative science quarterly, 1990, 35（5）: 504-529.

[4] KNIGHT D, PEARCE C L, SMITH K G, et al. Top management team diversity, group process, and strategic consensus[J]. Strategic management journal, 1999, 20（3）: 445-465.

[5] MURRAY A I. Top management group heterogeneity and firm performance[J]. Strategic management journal, 1989, 10（2）: 125-141.

[6] Elron E. Top management teams within multinational corporations: effects of cultural heterogeneity[J]. Leadership quarterly, 1997, 8（4）: 393-412.

[7] 魏立群，王智慧. 我国上市公司高管特征与企业绩效的实证研究[J]. 南开管理评论，2002（4）: 16-22.

组织的战略制定与执行层，对组织运营有很大的决策权和控制权[1][2]。本书在综合考虑以上各种高层管理团队定义的基础上，采用葛玉辉在 2007 年提出的观点，将高层管理团队定义为"参与公司经营决策和战略决策，对企业的经营管理有很大决策权和控制权的相关群体，包括董事长、总经理、各部门总监（如人力资源总监、运营总监、财务总监）等[3]"。

1.2.2 中层管理者

从组织管理层级来看，一般可将组织管理者分成三个等级，分别是基层管理者、中层管理者与高层管理者。对于中层管理者概念的界定，学术界尚未形成统一的认识，许多学者对于中层管理者的定义进行了阐释，其中有代表性的观点如表 1-2 所示。

表 1-2 以往关于中层管理者的定义

作者	定义
明茨伯格（Mintzberg）（1989）	中层管理者是那些处在组织战略的最高点和操作核心层之间位置的人员
达顿（Dutton）和阿什福德（Ashford）（1993）	位于公司结构的中间层次，比 CEO 低两到三个层次，除高层管理者和一线管理者之外的管理者，主要包括总体负责多职能管理的总经理（如战略事业部经理）及职能经理（如营销副总裁）等
弗兰岑（Franzen）（1997）	还有别的管理者向你负责，这些管理者各有自己所辖的下属与干部，而你仍不属于直接向总经理负责的高阶管理者
刘怡君（1998）	居于高层主管与基层主管之间，负责承上启下并协调组织内部各单位的工作，以达成组织的任务
陈明璋（1999）、李丽雪（1999）	又称为经营层或管理层，包括课长、襄理、副经理、处长或类似职位之主管人员，处于行政系统的中间位置。在多数的组织中，中层管理者所占的比重是较多的，他们一方面协助上级拟定政策与重要经营战略，另一方面监督与协调基层主管及员工的活动，是高层管理者与基层管理者间的桥梁，负有承上启下的责任
夸伊（Quy）（2001）	比执行长低两级，比第一线劳工或专业人员高一级的管理者
罗宾斯（Robbins）（2001）	中层管理者是介于高层管理者与一线管理者之间，负责将高层管理者所要求的组织目标转化为第一线管理者可以执行的明确作业活动，实际处理组织的活动与部门运作，落实高层管理团队的目标和决策，并遵从高层主管的指示和指导，对高层主管负责
休伊（Huy）（2001）	是处在 CEO 以下两级，一线工人和专业人员以上一级的任何管理者

---

① FINKELSTEIN S. HAMBRICK D C. Strategic leadership:top executives and their effects on organizations[M]. St. Paul :West Publishing Company,1996.
② 孙海法,伍晓奕.企业高层管理团队研究的进展 [J].管理科学学报,2003,6（4）：82-88.
③ 葛玉辉.基于人力资本价值因子的高层管理团队与企业绩效关系模型研究 [J].科学学与科学技术管理,2007（8）：160-165.

续表

作者	定义
伍尔德里奇（Wooldridge）等（2008）	组织科层结构中，位于高级管理者之下、一线主管之上的管理者，并且指出中层管理者最为突出的特征，不是他们在组织结构中所处的位置如何，其独特之处在于能够接近组织的高管并且精通组织运营的知识，是组织战略和日常活动的传递者，包括一般的直线经理、职能经理和团队或项目执行主管等
李云（2012）	位于高层和基层管理者之间，负责贯彻和执行高层管理者制定的总体战略和政策，监督和协调各个业务单位和重要部门的工作活动，注重日常事务性管理的管理人员，包括部门经理、部门主管、分部经理、办事处主任、地区经理、项目经理等

不难看出，学者们因研究目的不同而对中层管理者的界定也表现出差异。本书采用达顿和阿什福德[1]、伍尔德里奇[2]、吴颖宣[3]等学者的观点，将中层管理者界定为位于高级管理者之下、一线主管者之上的管理者，是组织战略和日常活动的传递者，包括一般的直线经理、职能经理和团队或项目执行主管等。

1.3 研究内容、方法与主要创新点

1.3.1 研究内容

本书的总体目标是揭示高层管理团队与中层管理者互动对战略决策质量及执行质量的影响，本书共分为七章，主要研究内容如下。

第1章 绪论。在提出研究问题与阐述研究意义的基础上，对相关概念进行界定与说明，并提出研究内容与方法、技术路线与结构及主要创新点。

第2章 理论基础与研究述评。在对战略管理理论、高层梯队理论、中层管理者理论、人际交往理论、信息加工理论等理论进行阐述及对高层管理团队、中层管理者对企业战略管理过程的影响、高层管理团队与中层管理者的相互影响等相关研究进行评述的基础上，寻找前期研究的不足并找出研究的空间，为高层管理团队与中层管理者的互动对战略决策质量及执行质量的影响研究奠定理论

---

[1] DUTTON J E, ASHFORD S J. Selling issues to top management[J].Academy of management review, 1993, 18（3）：397-428.

[2] WOOLDRIDGE B, SCHMID T, FLOYD S W. The middle management perspective on strategy process: Contributions, synthesis, and future Research[J].Journal of management, 2008, 34:1190-1221.

[3] 吴颖宣, 施建军, 丁雪. 中层管理者研究现状及未来展望 [J], 2016（5）：167-173.

基础。

第3章 高层管理团队与中层管理者的战略管理角色及其行为。以信任为高层管理团队与中层管理者的互动基石，揭示了高层管理团队与中层管理者的战略管理角色及其行为表现。

第4章 高层管理团队参与式领导对中层管理者战略建言行为的影响机制。从人际交往互动与领导风格理论出发，揭示了高层管理团队参与式领导对中层管理者战略建言的影响机制。

第5章 企业战略决策质量与执行质量指标构建。以国内企业为背景，构建战略决策质量与战略执行质量指标并进行标准化信效度检验。

第6章 高层管理团队与中层管理者的互动过程对战略决策质量及执行质量的影响机制。在考察高层管理团队与中层管理者的互动过程维度的基础上，通过对大量样本进行问卷调查并进行结构方程建模分析，揭示了高层管理团队与中层管理者的互动过程对战略决策质量及战略执行质量的影响机制。

第7章 结论、启示与展望。对本书的重要结论进行了总结，探讨了对管理实践的启示，同时指出了本书研究中存在的不足及后续进一步深入研究的方向。

1.3.2 研究方法

1. 文献研究法

本书在查阅国内外高层管理团队、中层管理者、企业战略理论、角色理论和信任理论等相关研究领域文献的基础上，总结目前研究存在的不足，找准本书的切入点及拟解决的关键问题，建立相关理论分析框架和本书的内容框架，提出研究关键变量和相应的假设。

2. 访谈法

研究主要以面对面深度访谈为主要手段，对高层管理团队与中层管理者互动过程的内容要素进行探索，分析高层管理团队与中层管理者的相互作用机制，探讨认知、心理、行为的动态变化状况，梳理战略决策质量指标和执行质量指标。访谈重点分析高层管理团队与中层管理者互动过程变量，扎根于企业的质性资料、动态跟踪相关过程变量的数据变化和资料收集，关注相关过程变量之间的关系。

3. 问卷调查法

在文献研究和深度访谈的基础上，采用问卷调查法，在整合相关文献研究的基础上建立理论模型，借鉴经典理论模型和成熟量表，编制高层管理团队与中层管理者互动过程量表、战略决策质量和执行质量量表。通过因子分析对量表和模型进行信度和效度检验并初步修正，再次完善访谈提纲和测试量表，最后进行覆盖全部大样本的调查，利用得到的数据进行统计分析、建立结构方程、验证和深化本书的相关内容和结论。

4. 数据分析法

在访谈与问卷调查的基础上，使用探索性因素分析、验证性因素分析、方差分析、结构方程建模等方法对各类数据进行相应的分析与处理。分析时所采用的软件工具有 SPSS17.0 软件和 AMOS20.0 软件。

1.3.3 研究的主要创新点

第一，突破过去高层管理团队、中层管理者的研究沿两条平行线研究的状况，以高层管理团队与中层管理者互动作为研究对象来研究其对战略决策质量和战略执行质量的影响，这是一个新的尝试。

第二，改变了以往战略决策、战略执行沿各自层面研究的状况，并拓宽传统上将高层管理团队视为战略制定者及中层管理者视为纯粹的战略执行者这一角色安排，以高层管理团队和中层管理者共同参与战略决策和战略执行活动为新视角，探索高层管理团队与中层管理者对战略决策与执行的共同作用机制，实现战略决策与战略执行的连续性，为我们进一步研究战略管理和绩效之间的关系提供了新的路径，这是一个新的突破。

第三，首次从"信息交换"和"相互影响"两个向度建立高层管理团队与中层管理者的互动过程模型，以此揭开梯队互动过程黑箱，进而分析高层管理团队与中层管理者的互动过程对战略决策质量及战略执行质量的影响机制，这是一个全新的研究空间。

1.4 本章小结

本章主要从高层管理团队与中层管理者互动研究不足的现状出发，提出了本书所要探索的问题及意义，在对高层管理团队、中层管理者等概念进行界定的基础上介绍了本书采用的研究方法，给出了本书的研究框架与内容安排，并指出研究的创新点，为全书的研究作了较为充分的铺陈。

第 2 章

理论基础与研究述评

2.1 理论基础

2.1.1 战略管理理论

1. 战略及其重要性

战略一词原为军事术语,即作战的谋略,后来逐渐应用于政治、经济、科技、文教等领域。企业战略自 20 世纪中后期被提出后,哈佛大学商学院安索夫教授[①]等许多学者对此进行了研究,但众多的战略管理文献中仍没有一个统一的定义,相比较而言,下面几种有关战略的定义占据主流,如表 2-1 所示。

表 2-1 以往关于战略的定义

作者	定义
哈佛大学商学院教授安德鲁斯(1965)	企业总体战略是一种决策模式,它决定和揭示企业的目的和目标,提出实现目标的重大方针与计划,确定企业应该从事的经营业务,明确企业的经济类型与人文组织类型,以及决定企业应对员工、顾客和社会作出的经济与非经济的贡献
哈佛商学院教授安索夫(1965)	从构成要素的角度对战略进行了描述,认为战略的构成要素应当包括产品与市场范围、增长向量、协同效果和竞争优势
美国达梯莱斯学院的管理学教授魁因(2004)	战略是一种将一个组织的主要目的、政策与活动按照一定的顺序结合成一个紧密整体的模式或计划
哈佛商学院教授迈克尔·波特(1996)	战略的本质就是选择,即选择一套与竞争对手不同的活动,以提供独特的价值,企业的这种独特定位能够有效避免由于企业间的相互模仿所导致的过度竞争
加拿大麦吉尔大学管理学院教授明茨伯格(2012)	战略就是计划(Plan)、模式(Pattern)、定位(Position)、观念(Perspective)、策略(Ploy)

英国的两位学者格里·约翰逊(Gerry Johnson)和凯万·斯科尔斯(Kevan Scholes)在总结众多学者关于战略定义后进行了概括总结:战略是一个计划,能

---

① ANSOFF H I. Corporate strategy:an analytic approach to business policy for growth and expansion[M]. New York:McGraw-Hill,1965.

够整合企业的目标、政策，并且能使企业上下一致地付诸行动①。总之，企业战略本质上是人们为了控制企业在一定时期内的发展，对企业各种根本趋势及对各种根本趋势起决定作用的因果关系做出能动反应的结果，是指导企业实现某种根本趋势的行为准则和目标。

战略作为企业行动的指南，对于企业生存和发展非常重要，这也是由战略的特质所决定的。战略的特质主要表现在五个方面②。

（1）战略具有长远性。企业战略规划短则三五年，长则数十年，一旦确定很难改变，因为若重新调整战略，往往跟不上快速变化的企业内外部环境，使企业蒙受重大损失甚至造成企业消亡。

（2）战略具有高强度冲击力。战略对企业的影响范围非常广泛，影响程度非常深，是根本性的，对企业所造成的冲击力是极强。

（3）战略是综合性的。战略决策要综合考虑企业内外各种要素，并要促成企业各类成员达成共识，即追求整体性和一致性。

（4）战略着眼于未来。面对复杂多变的经营环境，企业都会对未来发展提前布局，做好预测和规划，能善于洞察先机和捕捉机会的企业将会获得竞争优势而立于不败之地。

（5）战略与高层管理者的命运紧密相关。企业制定战略的终极目的是为了获得好的经济效益，能否为企业带来好的业绩也是最终考核企业高层的准绳，决定企业高层的升迁与去留。

2. 战略管理的内涵

从现代企业诞生起，企业管理大致经历了个人管理型、生产管理型、经营管理型、战略管理型的发展阶段。何谓战略管理？美国企业家兼学者伊戈尔·安索夫（H.igor Ansoff）1976年在其著作《从战略计划走向战略管理》的著作中最初提出了"战略管理"一词，并于三年后在《战略管理》一书中对战略管理进行了界定，即战略管理是将企业日常业务决策同长期计划决策相结合而形成的一系列经营管理业务。美国学者乔治·斯坦纳（george steiner）认为，战略管理是组织高层依据组织内外部环境要素确定组织目标，完成企业使命。拜亚斯认为，战

---

① 张国良，战略管理 [M]. 杭州：浙江大学出版社，2009.
② 张国良，战略管理 [M]. 杭州：浙江大学出版社，2009.

略管理是组织对组织未来方向做出规划并实施的过程[①]。格卢克（Glueck）认为，战略管理是为了实现公司目标而制定和实施有效战略的一整套决策和行动[②]。惠伦（Wheelen）和亨格（Hunger）认为，战略管理包括战略的形成、实施、评价和控制等一系列决定组织绩效的管理决策和行动[③]。莫克勒认为，战略管理是包括企业战略决策过程和围绕战略所采取的行动[④]。戴维认为，战略管理是组织制定、实施和评价使组织能够达成其目标的活动[⑤]。

上述学者关于战略管理可能有不同的述说，但一个共同之处是战略管理是一个过程，包括战略决策和战略执行等基本活动内容。

3. 战略管理基本过程

战略管理既是一个动态的过程，又是一个科学的逻辑过程。战略管理过程主要包括战略分析、战略选择和战略实施的三个关键部分及九个具体操作步骤[⑥]。

战略分析是组织确立愿景或使命与目标、分析内外部环境及评估可获得组织具有哪些资源和能力的过程。制定战略之前首先要进行战略分析，旨在发现组织所具备的优势和劣势，为制定和选择战略时扬长避短，有效利用各种资源，发挥自身优势，提高核心竞争力，促进组织长远发展。

战略选择实质上是战略决策过程，具体包括三项内容：第一，组织通过收集来的信息，结合企业自身的发展状况拟订多种可供选择的战略方案；第二，采用适当的战略评价方法对拟订的战略方案进行讨论、评价；第三，组织高层最终选择出满意的可供执行的战略。随着竞争的日益激烈与技术、市场的不确定性加强，组织也不断吸纳中层和基层管理者参与战略决策过程。

战略实施是将战略思想转变为战略行动的过程，即战略方案落地的过程。战略实施是一个系统工程，包括定义战略任务和宣传发动、评估组织实施战略目标的能力、制定具体可操作的实施计划和实施相关步骤[⑦]。

上述战略管理的三个关键内容可具体化为九个操作步骤，即确定组织使命与

---

① 拜亚斯.战略管理[M].北京：机械工业出版社，1988.
② GLUECK W F. Business policy and strategic management[M]. New York:McGraw-Hill,1980.
③ WHEELEN T L,HUNGER J D.Strategic management and business policy[M]. Englewood Cliffs:Prentice Hall,2011.
④ 莫克勒.战略管理[M].北京：国际文化出版公司，1988.
⑤ 戴维.战略管理[M].北京：经济科学出版社，2001.
⑥ 张国良.战略管理[M].杭州：浙江大学出版社，2009.
⑦ 赵丽芬.管理学：理论与实务[M].上海：立信会计出版社，2016.

目标；洞察外部环境；发现机会和威胁；分析企业资源；识别优势和劣势；重新评价企业的使命和目标；选择和制定战略；实施战略；评价结果。尽管不同的企业进行战略管理的具体过程存在差异，但是战略管理的基本过程是相似的。一般而言，企业战略管理过程可分为战略制定、战略实施、战略控制和战略修正四个阶段，每个阶段又包含若干个步骤。企业战略管理基本过程模型[①]如图2-1所示。

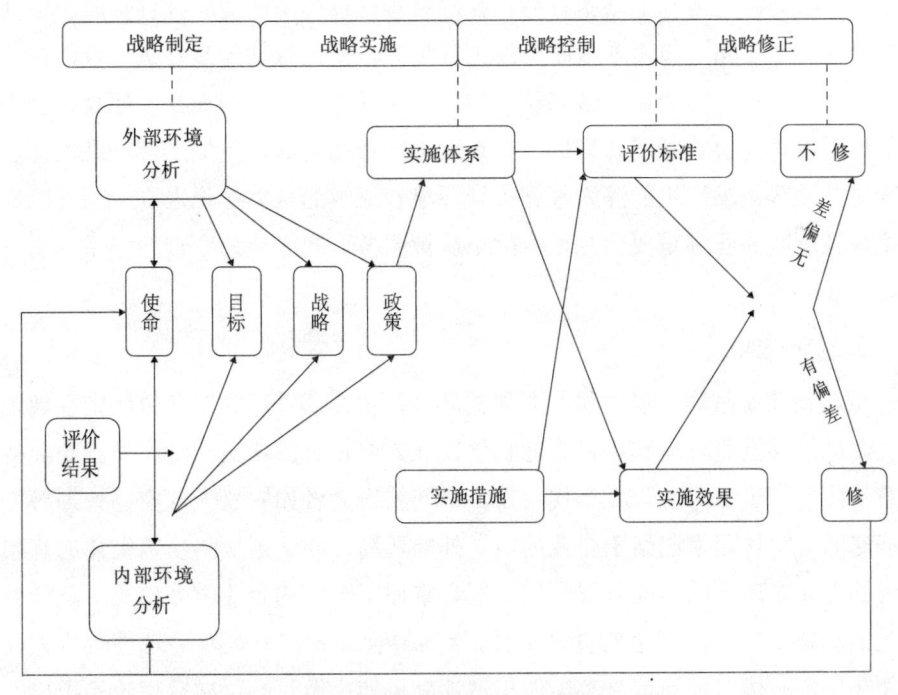

图 2-1　企业战略管理基本过程模型

4. 企业战略管理者

企业战略管理者的素质与企业战略管理的成败有十分重要的关系。企业战略管理者是企业战略管理的主体，是企业内外环境的分析者，是企业战略的制定者，是战略实施的领导者和组织者，是战略实施过程的控制者和结果的评价者[②]。企业管理层犹如一个金字塔结构，分为高、中和低三层，分别对应企业高层，即高层管理团队、中层管理者和基层管理者。

---

① 唐拥军，张国良. 战略管理 [M]. 武汉：武汉理工大学出版社，2005.
② 胡大立，陈明. 战略管理 [M]. 上海：上海财经大学出版社，2013.

高层管理团队是企业重要的战略管理者,既是制定企业发展方向、目标和战略的责任人,又是战略实施者。目前高层管理团队对战略管理过程产生影响的研究来看,主要集中在战略制定阶段,而对战略执行过程中的研究较少,事实上,高层管理团队在战略执行过程中的人力资源调配、沟通、引导、控制等活动中起了不可或缺的作用。

然而,战略制定和战略执行的角色并非全部由高层管理团队来承担,中层管理者也是战略制定者和战略执行者。在战略管理过程中的战略执行阶段,中低层管理者充当了主角,将企业战略分解为计划并转变为行动的具体执行者,在战略执行中发挥了重要作用。在战略决策阶段,中低层管理者则充当了配角,因为中低层管理者与高层管理团队相比,更接近生产市场一线,更加了解产品性能、市场变化及顾客需求,更能深入理解市场环境和组织的具体变化因素,因而能提供战略决策阶段的各种重要信息,为战略决策服务,起着集思广益的作用,也有助于达成战略共识。

5. 战略决策

战略决策是战略管理中极为重要的环节,由高层管理团队负责制定并调配重要资源、指导重要行动和决定企业整体发展方向目标的决策活动[①][②]。企业战略决策的研究始于20世纪50年代后期。早期的研究者如安索夫、安德鲁斯等把企业战略的决定性因素归结于企业的内、外部环境,并认定战略决策主体的高层管理者都是完全理性的,即只要高层管理者掌握了全面的企业内外信息,就能做出最优的战略决策。然而事实并非如此,"高层管理者"只是有限理性行为人,并不能在任何时候对任何信息都能做出理性分析和决策。高层梯队理论的提出,改变了传统的战略决策观的环境决定论,凸显了高层管理团队在战略决策中的主体地位和作用。

战略决策的研究主要分为战略决策内容和战略决策过程两方面。20世纪90年代前,战略决策研究大体上以战略内容研究占主流,如波特(Porter)提出的成本领先战略、差异化战略和集中化战略,以及这些企业战略的制定与外部环境

---

① MINTZBERG H, RAISINGHANI D, THEORET A.The structure of "unstructured"decision processes[J]. Administrative science quarterly,1976,21(2),246-275.

② DEAN J W,SHARFMAN M P.Does decision process matter? a study of strategic decision-making effectiveness[J].The academy of management journal,1996,39(2):368-396.

特征的关系等[1]。20世纪90年代后，战略决策过程研究逐渐受到学者们的广泛关注，以往研究文献主要关注与战略决策过程研究相关的前因因素、过程因素和结果因素（如表2-2所示），以及战略决策过程中的战略认知等问题。

表2-2 战略决策过程因素

	具体因素	代表性学者（年份）	主要结论
前因因素	外部环境	沙夫曼（Sharfman）和狄恩（Dean）（1991）[2]	战略决策过程会受到环境特征如不确定性、复杂性、宽松性和动态性的影响，以及一些政策和规制的约束
	组织特征	鲍姆（Baum）和沃利（Wally）（2003）[3]；福尔贝斯（Forbes）（2005）[4]	组织特征如年龄、结构、规模和技术以及动态性的组织特征如文化、价值观和惯例影响组织的战略决策制定过程
过程因素	战略决策制定者	费里尔（Ferrier）（2001）[5]	决策的制定过程及特征受到作为战略决策者制定的个体相关的属性的影响，如开明性、人数规模和异质性等静态特征；认知模型、感知能力等动态特征
	战略议题	闰多瓦（Rindova）（1999）[6]	不同战略决策过程存在差异归因于战略相关性、紧急性或者复杂性等
	战略决策过程的一连串行动	安德森（Andersen）（2004）[7]	战略决策制过程特征，如全面性、理性程度以及参与性决定决策过程结果特征如决策速度、决策质量或承诺水平等
结果因素	战略情境特征	罗杰斯（Rogers）等（1999）[8]	战略规划——绩效的关系随着战略情境特征而改变
	组织特征	戈尔登（Golden）和扎亚茨（Zajac）（2001）[9]；希勒（Hiller）和汉布瑞克（2005）[10]	战略决策制定者的特征，如确信、核心自我评估、决策团队规模等被证明对战略决策结果具有较强的影响
	组织绩效	安德森（2004）[11]	战略规划和绩效之间的正向关系

[1] PORTER M E. Competitive strategy[M]. New York: The Free Press, 1980.

[2] SHARFMAN M P, DEAN J W. Conceptualizing and measuring the organizational environment: a multidimensional approach[J]. Journal of management, 1991, 17(4):681-700.

[3] BAUM J R, WALLY S. Strategic decision speed and firm performance[J]. strategic management journal, 2003, 24(11):1107-1129.

[4] FORBES D P, MILLIKEN F J. Cognition and corporate governance: understanding boards of directors as strategic decision-making groups[J]. Academy of management review, 1999, 24(3): 489-505.

[5] FERRIER W J. Navigating the competitive landscape: the drivers and consequences of competitive aggressiveness[J]. Academy of management journal, 2001, 44(4):858-877.

[6] RINDOVA V P. What corporate boards have to do with strategy: a cognitive perspective[J]. Journal of management studies, 1999, 36(7):953-975.

[7] ANDERSEN T J. Integrating decentralized strategy making and strategic planning processes in Dynamic environments[J]. Journal of management studies, 2004, 41(8):1271-1299.

[8] ROGERS P R, MILLER A, JUDGE W Q. Using information processing theory to understand planning/performance relationships in the context of strategy[J]. Strategic management journal, 1999, 20(6): 567-577.

[9] GOLDEN B R, ZAJAC E J. When will boards influence strategy? inclination x power = strategic change[J]. Strategic management journal, 2001, 22(12):1087-1111.

[10] HITLER N J, HAMBRICK D C. Conceptualizing executive hubris: the role of (hyper-)core self-evaluations in strategic decision-making[J]. Strategic management journal, 2005, 26(4), 297-319.

[11] ANDERSEN T J. Integrating decentralized strategy making and strategic planning processes in dynamic environments[J]. Journal of management studies, 2004, 41(8):1271-1299.

以往关于战略决策过程中的战略认知研究主要关注战略认知结构的前因和结果。在个体和团队层面，巴尔（Barr）等将企业高层管理团队的认知结构描述为因果关系图或主导逻辑①；卡洛里（Calori）等（1994）的研究结果表明，多元化程度越高的企业，其高层管理团队的因果关系图越复杂；霍金森（Hodgkinson）和约翰逊（Johnson）发现由于管理者表现出不同的心智模型结构是缘于在组织中履职不同而不是与自身所处市场和企业是否不同有关②。在组织层面，兰佩尔（Lampel）和夏姆斯（Shamsie）等回溯并总结了企业战略行动对高层管理团队认知结构的影响③；纳得卡尼（Nadkarni）和纳拉亚南（Narayanan）还发现认知结构的复杂性对战略柔性具有正向影响，而认知图式的聚焦性对战略持续性具有正向影响④等。

6. 战略执行

对于企业而言，能否做出正确合理的适合企业生存发展的战略决策固然重要，然而能否将既定的战略决策有效地执行下去也是至关重要的。大量企业管理实践表明，很多企业战略失败不是战略决策失误而是归因于战略执行不力。而相比较而言，企业和学界对战略执行的重视程度不及于战略决策，因为在众多研究者和企业管理者看来，只要战略决策质量高，企业定会取得好的业绩，因为他们都把战略执行看成是理所当然的事情，却忽视了战略执行的复杂性和系统性。

20世纪90年代中后期，经济全球化及企业面临的外界环境日趋复杂动态多变，在此背景下，"动态能力理论"⑤"战略柔性理论"⑥"竞争合作理论"⑦等一些新的战略思想应运而生。这些新的管理思想和理论，在一定程度上打破了传统的"重决策轻执行"的战略观念，使得战略研究重点不再仅仅局限于战略决策，而

---

① BARR P S.Adapting to unfamiliar environmental events: a look at the evolution of interpretation and its role in strategic change[J].Organization science, 1998,9（6）: 644-669.

② HODGKINSON G P, JOHNSON G. Exploring the mental models of competitive strategists: The case for a processual approach[J].Journal of management studies,1994, 31（4）: 525-552.

③ LAMPEL J, SHAMSIE J. Probing the unobtrusive link: dominant logic and the design of joint ventures at general electric[J].Strategic management journal,2000, 21（5）:593-602.

④ NADKARNI S, NARAYANAN V K. Strategic schemas,strategic flexibility,and firm performance:the moderating role of industry clockspeed[J].Strategic management journal,2007,28（3）:243-270.

⑤ TEECE D ,PISANO G ,SHUEN A.Dynamic capabilities and strategic management[J].Strategic management journal, 1997,18（7）: 509-530.

⑥ LAU R S M .Strategic flexibility:a new reality for world-class manufacturing[J].Advanced management journal,1996,11-15.

⑦ 瑞克曼．合作竞争大未来[M]．苏怡仲，译．北京：经济管理出版社，1998.

是开始关注包含战略执行在内的战略管理的全过程。回顾战略执行的研究，主要包括以下几方面。

(1) 战略执行内涵的阐释。博西迪（Bossidy）和查兰（Charan）认为战略执行的核心在于企业的人员流程、战略流程和经营流程这三个核心流程的紧密联系和有机结合[①]；格里（Gerry）和凯方（Kevan）认为战略执行是组织充分调动组织各部门的积极性，对既定战略进行有效管理的过程；陈国庆、兰宝英认为战略执行就是企业对拟定的总体战略计划，进行相应的资源分配，并对计划实施中管理者和员工的行为进行控制的过程等[②]。

(2) 战略执行的影响因素。关于战略执行的影响因素中，多数学者强调单个因素如执行者、沟通、组织结构等对战略执行的重要性，或者研究多个因素如何共同影响战略执行的效果。例如，夏普（Schaap）的研究表明，在战略计划和执行中受到训练的高层领导者战略执行更易成功，也更可能实现企业的绩效目标。拉珀特（Rapert）等发现，员工在沟通顺畅的组织比那些沟通受限的组织具有更好的战略绩效[③]；海德（Heide）等提出，组织结构是战略执行的重要影响因素，不同战略类型的组织，其组织结构也不同。奥库莫斯（Okumus）认为战略内容、战略背景、战略流程和战略结果这四个因素共同影响战略执行的成功与否；马丁（Martin）等研究表明，当特定的营销战略类型与业务战略类型相契合时，企业战略更容易有效执行进而可获得好的企业绩效。

第一，战略执行流程。博西迪和查兰认为，战略执行流程包含人员、战略和运营流程三个相互协同的子流程[④]。佩帕德和罗兰认为战略流程的功能在于规划并开拓组织未来，战略执行流程就是战略得以有效贯彻执行下去的活动程序[⑤]；李亚龙和张黎明认为战略执行流程由战略分解、人员和运营流程协同多个维度构成，其中人员流程是关键子流程[⑥]，并且战略执行流程的人员和运营子流程对中层经理战略承诺水平有较大正向影响，而战略分解子流程对中层经理战略承诺影

---

① BOSSIDY L, CHARAN R. Execution: the discipline of getting things done[M]. New York: Crown Business, 2002.
② 陈国庆，兰宝英. 企业战略执行过程中工具系统的研究——基于资源配置的视角[J]. 经济问题, 2011(2): 72-75.
③ RAPERT, INHOFE M, et al. The strategic implementation process evoking strategic consensus through communication[J]. Journal of business research, 2002, 55(4): 301-310.
④ BOSSIDY L, CHARAN R. Execution: the discipline of getting things done[M]. New York: Crown Business, 2002.
⑤ 佩帕德，罗兰. 业务流程再造精要[M]. 北京：中信出版社, 2003.
⑥ 李亚龙，张黎明. 战略执行流程：一个探索性实证研究[J]. 企业经济, 2016(9): 35-42.

响不大[①]。史赛克（Stryker）和斯坦森（Statham）等认为，成熟度高的战略执行流程有着良好的沟通功能，必能提升企业绩效[②]。

第二，战略执行要素。拉里·博西迪（Larry Bossidy）和拉姆·查兰（Ram Charan）认为战略执行要素包括领导者基本行为、建立文化变革的框架及人员的配置[③]。拉博·斯兰迪认为，策略、战术、运营、团队合作、品质和沟通构成了组织执行力的六个要素[④]。周永亮等认为，心态、工具、角色和流程是构成执行的四大要素[⑤]。樊志刚认为，决定执行力的因素包括对企业战略、方针和计划的准确理解、把握和认同；各级管理者和员工的综合素质和专业技能；人力和机构的配置是否合理；业务流程是否科学；激励机制是否充分有效；监督是否到位，检查是否及时等[⑥]。

当今企业战略日趋同质化，亟需战略执行理论的"智力支持"，然而迄今为止，战略管理研究文献中关于战略执行的研究还是比较零散，缺乏理论的整合，这也是战略管理研究者努力的方向。

2.1.2 高层梯队理论

汉布瑞克和梅逊（Mason）于1984年提出了"高层梯队"理论。该理论中，二位学者提出了跨时代的观点："组织是高管们的反映"[⑦]。在高层梯队理论提出之前，战略管理的主流研究思路是从经济技术的角度来研究企业的战略选择，在一些战略学家看来，企业的竞争优势在于"审时度势"，更多是着眼于宏观的理性因素，而战略决策者的身影几乎见不到，即把战略决策者高度抽象化，看作是与其他企业资产一样的东西，并将之作为一种纯粹的经济因素纳入到战略分析框架中[⑧]。

尽管上述方法明确、可操作性强，受到企业界和学界的推崇，然而在实际应

---

① 李亚龙，张黎明．战略执行流程、中层经理战略承诺与员工绩效及态度——基于多案例的研究[J]．企业经济，2018（4）：103-109.
② STRYKER S, STATHAM A. The handbook of social psychology[M] New York: Random House, 1985.
③ BOSSIDY L, CHARAN R. Execution: the discipline of getting things done [M] . New York: Crown Business, 2002.
④ 斯兰迪．有效执行：如何完成任务的学问[M]．红君，译．延吉：延边人民出版社，2003.
⑤ 国富执行力课题组．本土化执行力模式[M]．北京：中国发展出版社，2004.
⑥ 樊志刚．关注执行力[J]．中国城市金融，2004（3）：1.
⑦ HAMBRICK D C, MASON P A. Upper echelons: the organization as a reflection of its top managers[J]. The academy of management review. 1984, 9（2）: 193-206.
⑧ 李金早，许晓明．高阶管理理论及其完善与拓展[J]．外国经济与管理，2008，30（10）：8-16.

用中往往只停留在战略分析的图纸上而未能使战略真正落地并有效执行。大量的数据、先进的分析工具在战略制定过程中固然重要，但更重要的是战略决策者的判断与分析能力，而传统的战略管理理论往往对战略决策者过于理想化，认为战略决策者均是具有充足理性的专家，均能对环境、竞争对手、产品等进行全面的分析，并据此认为只要企业按照合理的战略分析方法进行分析，便能得到足够合适的竞争战略[①]。而这种以彻底理性主义假设为基石而得出的分析结果，往往脱离了企业的战略现实。汉布瑞克和梅逊注意到了这一致命缺陷，以卡耐基学派的决策理论为基础[②][③]，建立了高层梯队理论。

高层梯队理论认为企业面对的经营环境非常复杂，因而战略决策者无法以完全理性来进行决策，而只能在其有限的智力理解范围内提出决策方案，并且指出企业发展依赖高管们的战略选择、兴趣、偏见和性格等特征对战略议题产生和选择产生重要影响。经典的高层研究思路框架如图2-2所示。

图2-2的中间部分是高管的行为和心理过程，较难以刻画和度量，汉布瑞克和梅逊认为在实际研究中可以绕开它不必直接进行研究，而可以用易于观察的高管人口统计学特征，如年龄、任期、学历、职能背景等来代替高管的行为与心理特征，因为高管人口统计学特征反映了高管的知识、偏好、价值观等特质，因而在图2-2的基础上可去掉中间各个环节的战略过程，突出高层管理团队特征变量，汉布瑞克和梅逊提出的高层梯队理论研究模型如图2-3所示。

高层梯队理论提出的研究模型表达了下面的观点[④]：

（1）高层管理团队的认知、价值观等心理特征能够影响其进行战略选择；

（2）高层管理团队的认知、价值观等心理结构特征不易识别和测量，但高层管理团队年龄、职业背景、社会基础等可观测的人口统计特征可以用来表征高层管理团队认知、价值观等心理结构特征的差异，并且这些特征及其作用过程会影响到企业的战略选择与绩效；

（3）在不同的客观内外环境中，高层管理团队特征与表现存在差异，研究应区分具体行业与企业类型。

[①] 陈悦明. 高层梯队特征组成法研究综述[J]. 技术经济与管理研究，2013（1）：58-61.

[②] CYERT R M, MARCH J G. A Behavioural Theory of the Firm[M].Vpper Saddle River: Prentice-Hall,1963.

[③] MARCH J G, SIMON H A. Organizations[M]. New York: Wiley,1958.

[④] HAMBRICK D C, MASON P A. Upper echelons: the organization as a reflection of its top managers[J].The academy of management review,1984, 9 (2): 193-206.

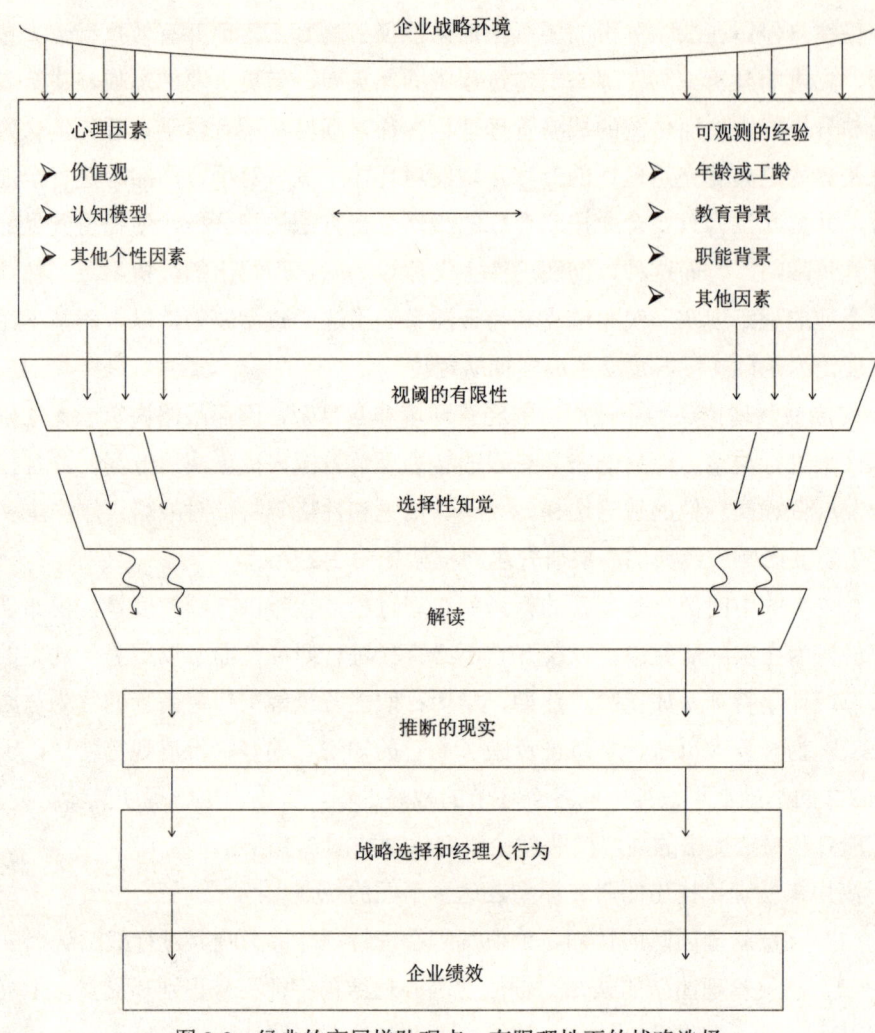

```
                    企业战略环境
    ┌─────────────────────────────────────┐
    │  心理因素              可观测的经验  │
    │  ➢ 价值观              ➢ 年龄或工龄 │
    │  ➢ 认知模型    ←→      ➢ 教育背景   │
    │  ➢ 其他个性因素        ➢ 职能背景   │
    │                        ➢ 其他因素   │
    └─────────────────────────────────────┘
                    ↓
              视阈的有限性
                    ↓
              选择性知觉
                    ↓
                 解读
                    ↓
              推断的现实
                    ↓
           战略选择和经理人行为
                    ↓
               企业绩效
```

图 2-2　经典的高层梯队观点：有限理性下的战略选择

资料来源：在蔡尔德（Child）[①]、汉布瑞克和梅逊[②]、芬克尔斯坦（Finkelstein）和汉布瑞克[③] 和坎内拉和赫尔孙波（Holcomb）[④] 成果基础上整理而成

---

① CHILD J. Organizational structure, environment and performance: the role of strategic choice[J].Sociology, 1972, 6（1）: 1.

② FINKELSTEIN S, HAMBRICK D C. Strategic leadership: top executives and their effects on organizations[J]. Australian journal of management,1996.

③ FINKELSTEIN S, HAMBRICK D C. Strategic leadership: top executives and their effects on organizations[J]. Australian journal of management,1996.

④ CANNELLA A A, HOLCOMB T R. A multilevel analysis of the upper-echelons model[J].Research in multilevel issues , 2005: 4, 197-237.

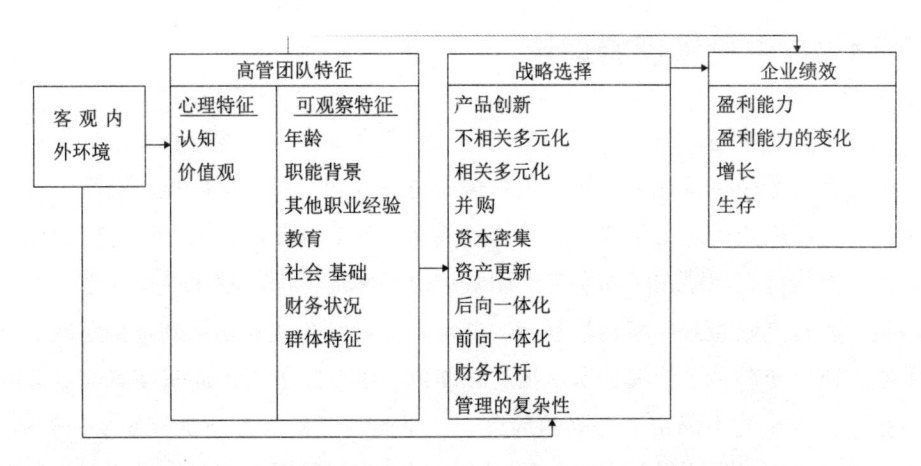

图 2-3 汉布瑞克和梅逊（1984）的高层梯队理论研究模型

客观内外环境	高管团队特征		战略选择	企业绩效
	心理特征	可观察特征	产品创新	盈利能力
	认知	年龄	不相关多元化	盈利能力的变化
	价值观	职能背景	相关多元化	增长
		其他职业经验	并购	生存
		教育	资本密集	
		社会 基础	资产更新	
		财务状况	后向一体化	
		群体特征	前向一体化	
			财务杠杆	
			管理的复杂性	

汉布瑞克和梅逊提出的高层梯队理论研究模型受到了学者们的青睐，按此研究模型，只需了解高层管理团队的人口统计特征而无须深入了解高层管理团队的运作过程，就能洞悉该企业的战略决策状况并预测下一步战略行动。随后，高层梯队的研究开始把特征的研究聚焦到高层管理团队特征的异质性研究上来，并且黑尔布林（Haleblian）等研究发现，高层管理团队成员的人口特征差异化越大，企业在激烈变动的环境下取得的绩效就越高[1]。但班特尔（Bantel）等的研究证实，高层人口统计特征与企业绩效之间存在潜在联系，但得出的关系并不稳定[2][3]，甚至有学者如卡彭特认为，二者甚至不存在关系。究其原因，在于人口统计特征及其差异性并不能有效替代高层管理团队的心理过程[4]，这也为后续研究者留下了探索的空间。

高层梯队理论为高层管理团队的研究奠定了理论基石，学界也涌现了关于高层管理团队的大量研究，这在后续高层管理团队研究综述中再进行阐述。

---

[1] HALEBLIAN J, FINKELSTEIN S.Top management team size, CEO dominance, and firm performance-the moderating roles of environmental turbulence and discretion[J].Academy of management journal,1993, 36（4）: 844-863.

[2] 贺远琼，杨文，陈昀. 基于 Meta 分析的高管团队特征与企业绩效关系研究 [J]. 软科学, 2009, 23（1）: 12-17.

[3] WEST G P. Collective cognition: when entrepreneurial teams, not individuals, make decisions.[J]. Entrepreneurship: theory & practice, 2007, 31（1）: 77-102.

[4] CARPENTER M A, GELETKANYCZ M A, SANDERS W G. Upper echelons research revisited: antecedents, elements, and consequences of top management team composition[J]. Journal of management, 2004, 30（6）: 749-778.

2.1.3 中层管理者理论

在主流的战略管理研究中，中层管理者的角色和地位往往存在误读，很多情况下中层管理者往往被视为只履行信息传递与任务分配等活动职能，甚至一度被认为只消耗组织的资源而不能给组织贡献战略价值。因此，较长一段时间中战略学者大多都将目光集中在了高层管理团队这个群体上，而忽视了中层管理者的特殊地位。随着企业经营环境越趋复杂、动荡和多变，企业战略从制定到落地的速度不断加快，使得中层管理者所承担的职能范围进一步加大，同时在竞争日益激烈与技术、市场的不确定性加强的环境下，企业需要自身不断进行变革与创新，中层管理者的作用不断得到重视，而有关中层管理者的研究文献也不断增多，主要表现在以下几方面。

1. 中层管理者的特征

企业的中层管理者处于企业组织架构中的中层位置，在高层与基层中间具有桥梁作用，是企业重要的中枢系统。总体来看，中层管理者具有如下特征[①]：

（1）位置上居中间位置，上有高层管理团队，下有基层管理者；

（2）关系上是高层与基层联系的纽带，既对高层拟定的战略计划进行分解并分配到基层执行，又将战略执行过程中遇到的问题及执行效果及时汇报给高层；

（3）职能上涉及研发、生产、营销、财务、人事等各个部门；

（4）角色上充当双重角色，参与到组织的战略制定活动时充当配角，在战略执行环节则充当主角。

2. 中层管理者的战略地位

中层管理者在组织结构中处于一个特殊的位置，一方面是高层管理团队的下级，是组织高层管理团队制定战略的宣传者和执行者；另一方面又是部门的管理者，是本部门员工的上级。中层管理者在企业中的作用主要表现在三个方面。

第一，中层管理者是企业战略的主要执行者。中层管理者在组织结构中所处的中间位置，决定了其作为主要战略执行者的地位。研究者曾一度普遍认为中层管理者只是机械地执行高层管理团队的意图，然而外界条件的复杂多变使得中层

---

① 吴颖宣，施建军，丁雪. 中层管理者研究现状及未来展望[J]. 软科学，2016（5）：167-173.

管理者在执行战略计划的过程中往往会遭到一些干预而使得执行进程受阻，这使得中层管理者不断地与高层管理者进行沟通与反馈，甚至来调整战略方向来适应新情况。

第二，中层管理者是企业战略决策的参与者。中层管理者曾在战略管理研究中被认定为是纯粹的战略执行着，后来经济的全球化、生产的复杂化及市场竞争程度的加剧，要求企业能迅速、及时地做出战略决策，而中层管理者更接近生产、市场一线，更能捕捉市场变化、顾客需求、行业动态等各种信息，能为高层管理团队战略决策时提供有关内部和外部事件有价值的信息和创新性建议。对于中层管理者来说，不仅要严格执行和组织实施战略决策方案，还要在战略决策是就要发挥自身的作用而主动参与到战略决策中来。

第三，中层管理者在组织中处于承上启下的位置，是高层管理团队与基层管理者进行沟通的桥梁。中层管理者一方面将战略意图向基层管理者进行传达、解释或发动；另一方面，就战略执行过程中遇到的问题及时向高层管理团队反馈。

从上述分析可知，由于中层管理者在组织战略角色中的特殊地位，使得中层管理者必须处理好管理与被管理、领导与被领导的关系。

3. 中层管理者对战略变革的影响

伴随组织结构变革的一次次浪潮，组织逐渐趋于扁平化，管理幅度管理幅度不断扩大，管理层次也逐渐被削减[1]。鲁洛（Rouleau）和巴洛贡（Balogun）认为，中层管理者在企业战略变革中起着十分重要的作用[2]。随着对中层管理者对战略变革的重要性的认识逐步增强，一些学者开始对中层管理者对组织变革的影响作用进行研究。

有学者对中层管理者在战略变革中所扮演的角色进行了研究。伯格曼（Burgelman）认为，在战略变革过程中高层管理团队应视中层管理者为"公司战略家"和"教练"而对其行为进行考察[3]。威廉姆斯（Williams）通过对组织战略变革的实例研究得出中层管理者是成功实施企业战略变革的关键。丛龙峰和杨斌

---

[1] UYTERHOEVEN H. General managers in the middle[J].harvard business review, 1989,67（5）:136-45.
[2] ROULEAU L,BALOGUN J. Middle managers, strategic sensemaking and discursive competence[J]. Journal of management studies,2010, 48（5）:954-984.
[3] ROBERT A B. Designs for corporate entrepreneurship in established firms [J].California management review,1984,26（3）:154-166.

则认为，中层管理者与高层管理者共同成为战略演化的推动者。

学者们也对中层管理者参与战略变革是否能给企业带来贡献进行了研究。弗洛伊德（Floyd）和伍尔德里奇认为，中层管理者是企业核心竞争力形成的关键，对企业的发展有着重要的作用[①]。鲁洛[②]、雷埃斯（Raes）等[③]认为，中层管理者有利于企业的创新变革，并且与高层管理团队的互动能更有效地实施战略管理。

还有学者认为中层管理者对于组织变革的支持或反对态度很大程度上决定着变革能否顺利实施，并把支持或反对战略变革归结为诸如地位的得失及经济动机等个人利益，而休伊等研究发现，中层管理者在个人利益没有遭到直接威胁的情况下，也会伴随组织认同所产生的群体情绪而支持或偷偷地反对某项战略提议[④]。此外，对于高层管理团队作为变革代理人合法与否的判断而产生的情绪也将影响到中层管理者对于变革活动的支持与抗拒[⑤]。

尽管中层管理者参与战略变革决策对于提升企业绩效具有重要的作用，但科利尔（Collier）[⑥]、弗洛伊德和伍尔德里奇[⑦]等学者认为，并非所有企业战略都能有效实施，其实施效果与战略形成方式、战略类型密切相关。

4. 中层管理者角色作用发挥的影响因素

中层管理者既承担了战略执行的主要角色，又充当了战略决策的配角角色。中层管理者角色作用发挥的影响因素是多方面的，吴颖宣等在综合前人研究成果的基础上，对中层管理者角色作用发挥的影响因素进行归纳，主要包括个体特征、群体情境、组织情境及外部环境等四个方面，如表2-3所示[⑧]。

---

① FLOYD S W,WOOLDRIDGE B.The strategic middle manager, san francisco[J].Jossey-Bass Publishers,1996.

② ROULEAU L, BALOGUN J. Middle managers, strategic sensemaking and discursive competence[J].Journal of management studies,2010, 48（5）:954-984.

③ RAES A M L,HEIJLTJES M G. The interface of the top management team and middle managers: a process model[J].Academy of management review，2011,36（1）:102-126.

④ HUY Q N. How middle managers' group-focus emotions and social identities influence strategy implementation[J].Strategy management journal，2011，32:1387-1410.

⑤ HUY Q N，CORLEY K G，KRAATZ M S. From support to mutiny:Shifting legitimacy judgments and emotional reactions impacting the implementation of radical change[J].Academy of management journal，2014，57（6）:1650-1680.

⑥ COLLIER N, FISHERWICKF,FLOYD S W .Managerial involvement and perceptions of strategy process[J]. Long range planning, 2004,37（1）:67-83.

⑦ FLOYD S W,WOOLDRIDGE B. Middle management involvement in strategy and its association with strategic type[J].Strategic management journal,1992,13（s1）:153-167.

⑧ 吴颖宣，施建军，丁雪 . 中层管理者研究现状及未来展望 [J]. 学海，2016（5）：167-173.

表 2-3 中层管理者角色作用发挥的主要影响因素

	具体因素	代表性学者（年份）	主要结论
个体特征	网络位置	弗洛伊德和伍尔德里奇（1997）	处于跨边界部门的中层，在组织战略中发挥更大作用
	工作自主性	瓦库亚克（Ouakouak）等（2014）	中层管理者的工作自主性正向影响组织能力，进而影响组织的绩效
	社会资本	阿享（Ahearne）等（2014）	中层管理者在组织中的信息性与声誉性社会资本对他们的战略参与和部门绩效起到调节作用
	组织承诺感	波特（2006）	中层管理者对组织战略环境管理的承诺与员工的环境倡议意愿正相关
	与高管的关系	库拉特科（Kuratko）等（2005）	感知到的高管支持，会促进中层管理者的公司创业行为
群体情境	群体规模	瑞兹（Reitzig）和苏任生（Sorenson）（2013）	所在部门规模越小，中层管理者越倾向于批准来自本部门的提议或创新进入下一阶段评审
	群体地位	瑞兹和苏任生（2013）	中层管理者更倾向于来自地位较高部门的提议或者创新进入下一阶段评审
	群体利益	梅耶（Meyer）（2006）	中层管理者的群体私利会促使他们干预组织并购战略的执行
组织情境	组织结构	库拉特科等（2005）	组织边界会影响中层管理者的公司创业活动
	战略类型	任（Ren）和郭（Guo）（2011）	公司的战略会影响中层管理者的注意力，并影响他们向高管营销创业议题
	组织文化	达顿等（1997）	组织的文化会影响中层管理者的议题营销
	组织控制	马金森（Marginson）（2002）	组织的行政控制影响中层管理者的战略活动
	薪酬体系	库拉特科等（2005）	组织薪酬体系影响中层管理者公司创业活动
外部环境	制度情境	博耶特（Boyett）和柯里（Currie）（2004）	国家之间制度情境的差异，使得中层管理者在母公司的东道国战略制定中发挥重要作用
	国家文化	林（Ling）等（2005）	跨国公司内部子公司的经理参与议题营销的意图以及采取的包装战略会受到国家文化的影响
	竞争与经济压力	达顿等（1997）	组织面临的竞争与经济压力，有利于中层管理者向高管进行议题营销

从表 2-3 可以看出，影响中层管理者角色作用发挥的个体特征因素主要包括网络位置[1]、工作自主性[2]、社会资本[3]、组织承诺感[4]及与高管的关系[5]等因素；

---

[1] FLOYD S W, WOOLDRIDGE B. Middle management's strategic influence and organizational performance[J]. Journal of management studies, 1997, 34:465-485.

[2] OUAKOUAK M L, OUEDRAOGO N, MBENGUE A. The mediating role of organizational capabilities in the relationship between middle managers' involvement and firm performance: a European study[J]. European management journal, 2014, 32:305-318.

[3] AHEARNE M, LAM S K, KRAUS F. Performance impact of middle managers' adaptive strategy implementation: The role of social capital[J]. Strategic management journal, 2014, 35(1):68-87.

[4] PORTER T B. Inside greening: the role of middle managers' strategic processes, attitudes, and behavior in corporate environmentalism[D]. Boston: University of Massachusetts Amherst, 2006.

[5] KURATKO D F, IRELAND R D, COVIN J G, et al. A model of middle-level managers' entrepreneurial behavior[J]. Entrepreneurship theory and practice, 2005, 11:699-716.

影响中层管理者角色作用发挥的群体情境因素包括群体规模和群体地位[1]、群体利益[2]等因素；影响中层管理者角色作用发挥的组织情境因素包括组织结构[3]、战略类型[4]、组织文化与组织控制[5]、薪酬体系[6]等因素；影响中层管理者角色作用发挥的外部环境因素包括制度情境[7]、国家文化[8]、组织面临的竞争与经济压力[9]等。

2.1.4 人际交往理论

交往理论是社会心理学研究的重要内容之一，是人们在社会交往过程中利用语言或非语言系统，彼此进行复杂的、多方面的交往的理论。

1. 人际交往的含义

从词源上看，"交往"一词源于拉丁语的"communis"，原意是指共同的、通常的。人际交往在英语中使用 communication 一词来表达，包含有通信、传达、交流、意见的交换等含义。苏联社会心理学家安德烈耶娃认为人际交往就是人们彼此之间的沟通、相互作用和人际知觉三个相互联系的过程，其实质是个体信息的交换、交流及促进彼此之间了解的人际活动。美国社会心理学家费斯廷格认为，人际交往的一个重要功能是传达信息的功能，是人们为了分享信息和影响他人而交往。王允和张岩松认为人际交往是人在共同社会活动中，通过人与人之

---

[1] REITZIG M,SORENSON O.Biases in the selection stage of bottom up strategy formulation[J].Strategic management journal,2013,34:782-799.

[2] MEYER C B.Destructive dynamics of middle management intervention in post merger processes[J].Journal of applied behavioral science,2006,42（4）:397-419.

[3] KURATKO D F,IRELAND R D, COVIN J G, et al. A model of middle-level managers' entrepreneurial behavior[J].Entrepreneurship theory and practice，2005,11:699-716.

[4] REN C R,GUO C. Middle managers' strategic role in the corporate entrepreneurial process: attention based effects[J].Journal of management，2011,37（6）:1586-1610.

[5] MARGINSON D E W.Management control systems and their effects on strategy formation at middle-management levels:evidence from a U.K organization[J].Strategic management journal,2002,23:1019-1031.

[6] KURATKO D F,IRELAND R D,COVIN J G,et al. A model of middle-level managers' entrepreneurial behavior[J].Entrepreneurship theory and practice,2005,11:699-716.

[7] BOYETT I,CURRIE G. Middle managers moulding international strategy: an Irish start up in Jamaican telecoms[J].Long range planning，2004,37（1）:51-66.

[8] LING Y, FLOYD S W, BALDRIDGE D C. Reading the winds in multinational corporations: The impact of culture on issue selling behavior[J].Journal of international business studies，2005,36:637-654.

[9] DUTTON J E, ASHFORD S J,O'NEILL R M ,et al. Reading the wind: how middle managers assess the context for selling issue to top managers[J].Strategic management journal,1997,18:407-423.

间相互接触、互通信息、交流情感，或达到相互了解、彼此吸取对方的长处和积极因素，从而增进友情，和谐合作，促进事业成功；或彼此满足相互间的精神慰藉，实现自我价值，增加社会群体的聚合力[①]。翁开源等认为人际交往也称人际沟通，是指个体通过一定的语言、文字或肢体动作、表情等表达手段将某种信息传递给其他个体的过程[②]。徐键忠等认为，人际交往是指在社会活动中人与人之间借助于语言媒介所进行的有意识的信息传递、情感交流、思想沟通与相互施加影响等心理联系过程[③]等。

总的来说，尽管上述有关人际交往的阐释在语言叙述上有差异，但不难发现其内涵都蕴涵有共同之处，即人际交往作为人们共同活动的特殊形式，实质上是把人的观念、思想和情感等作为信息交流的过程。

2. 人际交往的形式

人际交往是在两个人以上之间进行的，因时空、规模、场所、目的及接触方式的不同而各具形态和特征，主要包括正式交往与非正式交往；单向交往与双向交往；直接交往与间接交往；口头交往与书面交往等类型[④]。

1）正式交往与非正式交往。

正式交往是建立在组织机构制度所规定的渠道上进行的交往，如组织内外人员的往来、请示汇报制度、会议制度等。非正式交往则是正式渠道以外的交流和沟通，如聚会、参加非正式的团体娱乐活动等。

2）单向交往与双向交往。

单向交往与双向交往之分是从信息传递有无反馈而言的。单向交往是指信息的发出和接收都是单向的而无反馈，交往的一方为信息的发出者，另一方则为信息的接受者，如作主题报告、发通知等均属于单向交往形式。双向交往则是指交往双方既发送信息，又接受信息，并在交往过程中可以随时反馈和沟通，如讨论、会谈和辩论等均属于双向交往形式。

3）直接交往与间接交往。

直接交往与间接交往之分是从交往是否经过一定的中间环节而言的。直接交

---

① 王允，张岩松. 人际沟通与社交礼仪 [M]. 北京：清华大学出版社，2015.
② 翁开源. 医学人际沟通学 [M]. 北京：人民军医出版社，2013.
③ 徐键忠. 实用公共关系学 [M]. 青岛：中国海洋大学出版社，2008.
④ 谭昆智，扬力. 人际关系学 [M]. 北京：首都经济贸易大学出版社，2007.

往是不通过任何中间环节的面对面的交往,如促膝谈心。间接交往是需经过某些中间环节才能实现的交往,如利用电话、邮件、短信等向对方传递信息。

4)口头交往与书面交往。

按信息传递方式,分为口头交往与书面交往两种形式。口头交往常用于调查访问、演讲宣传、咨询等方面。书面交往则常采用书籍、报刊、通知、广告和信件等方面。

此外,还可以按照交往主体的性质,将人际交往划分为个体与个体之间的交往、个体与群体之间的交往、群体与群体之间的交往。按信息传递的方向,可将人际交往划分为上行交往、平行交往和下行交往。按交往所使用的符号系统,又可将人际交往分为语言交往和非语言交往等类型。

3. 人际交往的基本过程

人际交往的过程实际上也是信息传递和接受的过程,包括信息、信道、发信者和受信者四个要素[①]。信息是交往的内容;信道是信息的载体;发信者是传送信息的主体;受信者是接受信息的客体。对于作为主体的发信者与客体的受信者而言,既可以是个体,也可以是群体。任何人际交往信息的传递过程是信息发送者运用符号系统所表示的意义发出信息,信息通过载体或媒介被接受者所接收。

在信息传递过程中,发信者和受信者双方的位置并不是一成不变的,如果交往过程中存在反馈联系,则受信者变为传送者发出反馈信息,而原来的发信者则变为受信者接受信息。

在人际交往过程中,信息由发信者发出并通过信道传送给受信者,需要经过编码、译码等基本操作过程转换,才能将有意义的信息转变为不同形态的符号化信息,并最终还原为有意义的信息,由此构成整个信息传递的过程[②]。

2.1.5 信息加工理论

20世纪70年代以来,计算机技术的快速发展也引起了心理学研究者的思考,在一些心理学研究者看来,人类的思维方式和学习方式与计算机处理信息的程序存在相似之处,人类认识事物的过程和计算机接受信息到输出信息的过程都是信

---

① 王有智,欧阳仑.心理学基础原理与应用[M].北京:首都经济贸易大学出版社,2012.
② 王有智,欧阳仑.心理学基础原理与应用[M].北京:首都经济贸易大学出版社,2012.

息加工的过程。美国著名心理学家加涅开启了信息加工理论研究的先河,他于1974年在吸取整合行为主义、认知主义等相关理论的基础上,结合行为主义学习理论与认知主义学习理论,对学习的信息加工过程及条件作了系统分析,形成了自己的学习理论—信息加工理论[1]。随后一些学者在加涅的信息加工理论基础上用信息加工的观点研究人类学习和记忆。

1. 信息加工过程

信息加工理论是人们运用现代信息理论的观点和方法,通过大量的计算机模拟研究而建立起来的学习理论[2]。加涅提出的信息加工学习理论主要侧重于用信息加工的这个模式来解释学习者的学习活动,并且指出学习过程其实就是信息接收与使用的过程。加涅(Gagne)认为信息加工的过程是对信息进行编码、存储和提取的过程[3]。王本贤认为信息加工包括感觉、注意和记忆等认知结构,也正是这些认知结构之间相互作用使得信息加工过程变得复杂化[4]。奥朗(Oron)等认为信息加工过程即认知的加工过程,是信息的输入、编码、存储和提取中的相互作用,是感觉、注意和记忆之间的复杂过程,同时还受到策略、计划、目的等诸多因素的监控[5]。东(Tung)等也认为信息加工的过程即认知的过程,并且认为一旦认知功能发生障碍,信息加工的过程将会遭到破坏,这导致患者处理信息的能力下降,大脑吸收信息的总量也明显减少[6]。

2. 信息加工模式

在以往关于信息加工理论中,具有代表性的信息加工模式主要有加涅的信息加工模式[7]、理查德·E. 梅耶记忆系统信息加工模式[8]和阿特金森—希弗林记忆信息加工过程模式[9]三种。

---

[1] 加涅. 学习的条件和教学论 [M]. 皮连生, 等, 译. 上海:华东师范大学出版社, 1999.
[2] 周道明. 基于信息加工理论的初中英语词汇教学模式研究化 [D] 南京:南京师范大学, 2008.
[3] GAGNE R M. Essentials of learning for instruction[M].Vpper saddle River: Prentice Hall,1988.
[4] 王本贤. 试析认知信息加工理论 [J]. 教育探索, 2009(5):7-8.
[5] ORON A, SZYMASZEK A, SZELAG E. Temporal information processing as a basis for auditory comprehension:clinical evidence from aphasic patients[J].International journal of language & communication disorders, 2015,50(5):604-615.
[6] TUNG L C, YU W H, LIN G H, et al. Development of a tablet-based symbol digit modalities test for reliably assessing information processing speed in patients with stroke[J]. Disability and rehabilitation, 2016, 38(19):1952-1960.
[7] 加涅. 学习的条件和教学论 [M]. 皮连生, 等, 译. 上海:华东师范大学出版社, 1999.
[8] 梅耶. 应用学习科学 心理学大师给教师的建议 [M]. 盛群力, 等, 译. 上海:华东师范大学出版社, 2016.
[9] 施良方. 阿特金森论教学理论 [J]. 课程教材教法, 1989(5):51-53.

1）加涅的信息加工模式。

加涅主张用信息加工的观点来解释学习主体的学习过程，其认为学习的典型模式是学习与记忆的信息加工模式，学习的过程实际是一个信息的接受和再加工过程，并提出了影响深远的学习和记忆的信息加工模式，如图2-4所示。

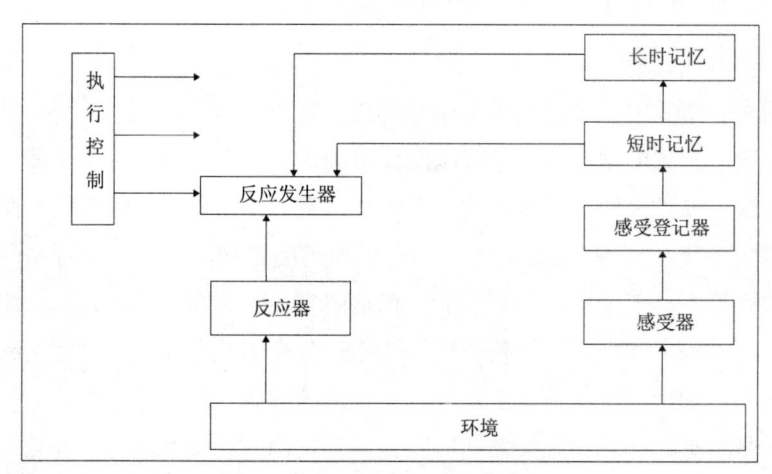

图2-4 学习和记忆信息加工模式图

加涅的信息加工模式分为信息流和执行控制两个部分，其中信息流部分主要是主体通过感受器接受来自外界环境的信息后转变为神经信息进入感觉登记器，信息在感觉登记器停留很短的几秒钟后进入20秒左右的短时记忆阶段，再通过复述或对编码等方法将短时记忆转入长时记忆长期储存，而执行控制部分对整个过程起着调节控制作用，决定了哪些信息从"感觉登记"进入"短时记忆"以及如何进行编码，采用何种提取策略等，从而通过相应的认知策略来调节控制整个信息流的变化和转化。

2）理查德·E.梅耶记忆系统信息加工模式。

梅耶在"双重编码理论""工作记忆模型""认知负荷理论""生成学习理论"等理论的基础上提出了多媒体学习认知理论[①]。在多媒体学习认知理论中，梅耶认为学习是学习者积极主动的意义建构，并根据学习者心理特征，重点围绕人如何学习、如何帮助人学习、如何设计帮助人学习等方面进行研究，研究内容主要着眼在对输入的信息进行加工的方法上进行研究。与加涅的信息加工模式

---

① 迈耶.多媒体学习[M].牛勇，邱香，译.北京：商务印书馆，2006.

所不同的是梅耶学习模型中引入了工作记忆，处于模型中很关键的位置，起着连接短时记忆和长时记忆的桥梁作用。梅耶提出的记忆系统信息加工模式，如图 2-5 所示。

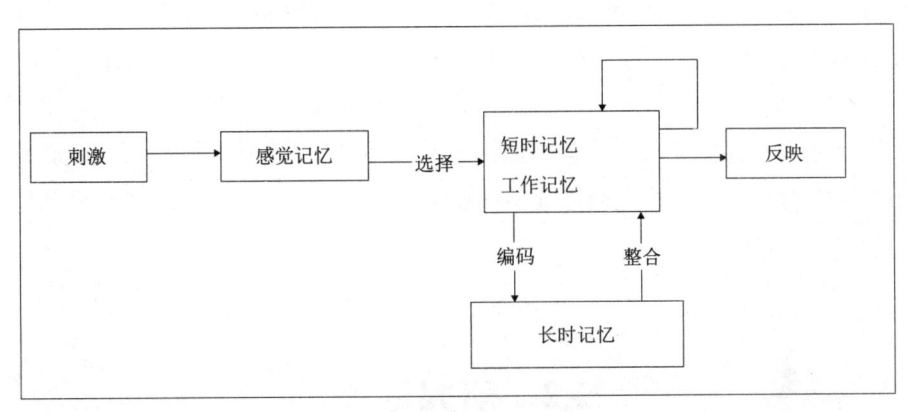

图 2-5　记忆系统信息加工模式图

梅耶的记忆系统信息加工模式包含选择、组织、整合三个加工过程。首先，对进入视觉记忆和听觉记忆等感觉记忆的信息进行有目的的选择；其次，选择后的信息进入短时记忆，对输入的新信息进行组织，以使信息相互之间建立内在联系，形成整体结构；最后，短时记忆中的信息与长时记忆中的知识建立联系并整合，形成新知识。

3）阿特金森—希弗林记忆信息加工过程模式。

阿特金森和希弗林提出了著名的记忆信息加工模型，此模型将整个信息加工过程分为感官收录、短期记忆、长期记忆等三个相互紧密相连的认知过程，如图 2-6 所示。

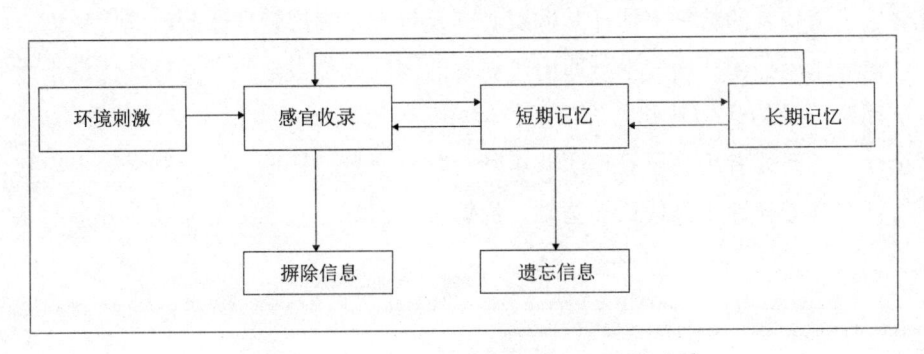

图 2-6　阿特金森-希弗林记忆信息加工模式图

感官收录过程是接受刺激或信息的平台，是学习者根据视觉、听觉、嗅觉、味觉等感觉器官感受外界环境刺激，经过注意的信息进入短期记忆；短期记忆过程对感官收录的信息进行复述加工，如果信息复述时间越长，则保留时间越长并存入长时记忆；长时记忆过程则是信息长时贮存阶段，此阶段信息的使用需要经过检索提取出放到短期记忆中加工组织整合成新知识再保存到长时记忆中。

上述三种信息加工模式的信息加工过程都是建立在各个事件信息相互联系基础上，通过自下而上与自上而下或系列加工与平行加工、控制性加工和自动化加工的加工方式进行。

2.2 研究述评

2.2.1 高层管理团队研究综述

汉布瑞克和梅逊于1984年提出了"高层梯队理论"。与传统的战略理论相比，高层梯队理论摒弃了经济理性的假设而转向有限理性假设，被誉为划时代的理论创举。"高层梯队理论"的提出为高层管理团队研究奠定了理论基石[①]，也在学界引发了一股研究高层管理团队的热潮。高层管理团队初始的研究思路是以认知、价值观等不易测量的心理特征变量为取向的，但这些心理特征变量难以刻画与测量而使得研究一度陷入了停滞，后来受市场营销研究成果的启发，即市场营销研究者通过消费者的特征来估计其购买心理及行为，高层管理团队研究者认为，此方法也可运用到团队研究中，即用可观察的团队成员人口统计学特征变量来近似表征团队成员的认知基础、价值观、偏好等心理特质或禀赋。受这种思路启发，后续众多的研究者用高层管理团队年龄、教育背景、任期、职业背景等人口统计学特征及其差异性来替代认知基础、价值观、偏好等心理特征变量，并推断这些

---

① HAMBRICK D C, MASON P A. Upper echelons: the organization as a reflection of its top managers[J]. The academy of management review, 1984, 9（2）：193-206.

特征将会影响企业战略决策质量进而影响企业绩效。但从研究结果来看，高层管理团队人口统计学特征及其差异性与组织结果的关系并不稳定，主要归为三类结果：一是高层管理团队特征及其差异性与组织结果呈正相关关系[1]；二是高层管理团队特征及其差异性与组织结果呈现负相关关系[2]；三是高层管理团队特征及其差异性与组织结果没有关系[3][4]。

高层管理团队人口特征及其差异性与企业绩效的关系并不稳定的事实引发了学者们的思考，卡彭特，盖勒卡尼茨和赛德太斯（Sadners）提出了解决上述研究结果不一致的方法，即加入了中介变量和情景变量对高层梯队模型进行了修正，如图 2-7 所示。

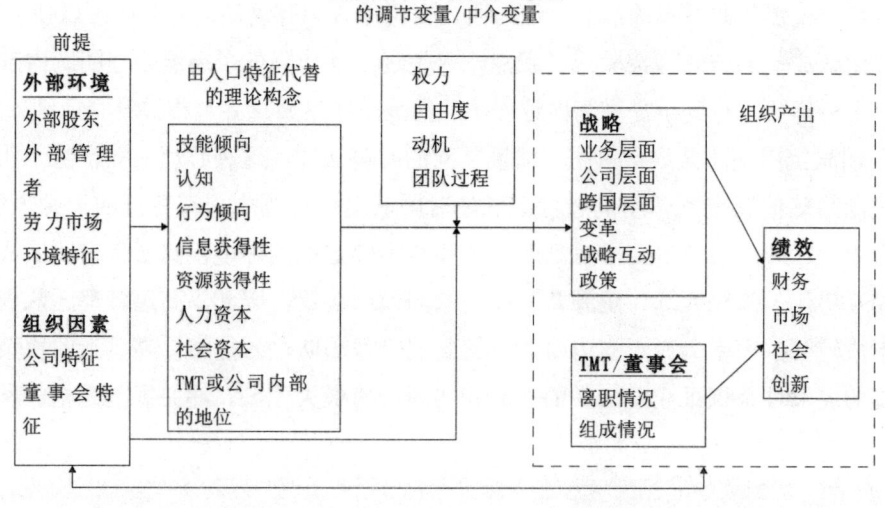

图 2-7　卡彭特，盖勒卡尼茨和赛德太斯提出的高层梯队研究改进模型

通过情景变量的调节确实提高了高层管理团队人口特征及其差异性的预测效

---

[1] BANTEL K A, JACKSON S E. Top management and innovations in banking: does the composition of the top team make a difference[J].Strategic management journal, 1989, 10（S1）：107-124.

[2] HAMBRICK D C, CHO T S, CHEN M J. The influence of top management team heterogeneity on firms' competitive moves[J].Administrative science quarterly, 1996: 659-684.

[3] MICHEL J G, HAMBRICK D C. Diversification posture and top management team characteristics[J]. Academy of management journal, 1992: 9-37.

[4] WEST C T, SCHWENK C R. Top management team strategic consensus, demographic homogeneity and firm performance: a report of resounding nonfindings[J].Strategic management journal, 1996, 17（7）：571-576.

度，但高层管理团队特征与企业绩效的关系仍未获得一致性结论[1][2][3][4]，其根本原因在于高层管理团队人口特征及其差异性并不能有效替代高层管理团队成员的心理过程。

有研究者把沟通[5]、冲突[6]、信息处理[7]等团队过程变量纳入到了高层管理团队的分析框架，也有学者对影响高层管理团队运行的过程因素进行了总结归类：一类是与信息交换有关的变量；另一类是与团队氛围有关的变量[8]。

信息交换是不同时间或不同空间上认知主体之间相互交换信息的过程，如沟通、辩论、共享心智模式等。作为战略决策信息汇集与处理的过程，信息交换将会影响高层管理团队内部的人际互动行为进而影响企业绩效。由于信息不对称，高层管理团队成员可能倾向于讨论他们共享的信息并形成相似或一致的心智模式，却忽视那些非共享的信息，但沟通、辩论等人际互动活动的开展可以使高层管理团队成员的异质性经验或者观点一一呈现，从而降低了高层管理团队内部的信息不对称性，有助于提高高层管理团队的战略决策质量并最终提升企业绩效。

团队氛围是团队成员对团队情境共同的心理认知，这种心理认知产生于团队成员同团队情境交互作用的过程中，是对团队运作过程中固有特征的一种表征，如内聚力、冲突规范等。面对高度复杂和高不确定性的环境，高层管理团队成员需相互协作、信息互通、资源共享以便共同做出决策，因此，高层管理团队内部须形成较强的内聚力。一支内聚力强的高层管理团队，才能够以高质量的决策和高度的灵活性来保证企业成长的方向和实现价值最大化[9]。冲突规范是指一种提

---

[1] HAMBRICK D C. Upper echelons theory: an update[J].Academy of management review，2007, 32（2）：334-343.

[2] NIELSEN S. Top management team diversity: a review of theories and methodologies[J]. International journal of management reviews，2010, 12（3）：301-316.

[3] PENNINGS J M, WEZEL F C. Faraway, yet so close: organizations in demographic flux[J].Organization science, 2010, 21（2）：451-468.

[4] ROST K, OSTERLOH M. Opening the black box of upper echelons: drivers of poor information processing during the financial crisis[J].Corporate governance: an international review,2010, 18（3）：212-233.

[5] SMITH K G, SMITH K A, OLIAN J D, et al. Top management team demography and process: the role of social integration and communication[J].Administrative science quarterly,1994, 39（3）：412-438.

[6] PENNINGS J M, WEZEL F C. FARAWAY.Yet so close: organizations in demographic flux[J].Organization science,2010, 21（2）：451-468.

[7] ROST K, OSTERLOH M. Opening the black box of upper echelons: drivers of poor information processing during the financial crisis[J].Corporate governance: an international review,2010, 18（3）：212-233.

[8] 熊斌，葛玉辉，陈真英.高层管理团队研究的视角转向：从人口统计特征到互动过程 [J]. 科技管理研究，2012（23）：135-137.

[9] 陈忠卫，贾培蕊.基于心理契约的高层管理团队凝聚力问题研究 [J]. 管理科学，2004, 17（5）：46-50.

倡开放和采纳不同意见的准则。高层管理团队的研究结果表明,"开放"会对任务冲突产生积极影响[1],增强高层管理团队内部互动过程的团队氛围将影响团队合作行为进而影响组织绩效。

但总的来说,对团队过程的研究仍处于起步阶段,没有系统的团队过程定义,团队过程的相关研究也有待整合,这些都给后来的研究者留下了研究探索的空间。

2.2.2 中层管理者对企业战略管理过程的影响研究综述

明茨伯格将中层管理者定义为,那些"处在组织的战略最高点和操作核心层之间的位置的人员"[2]。尤伊特胡芬(Uyterhoeven)等认为,在企业的业务流程中,中层管理者常被认为是信息传递者、联络人、分配任务者,也是公司资源的耗费者,但并不创造价值[3]。因此,长期以来,对于中层管理者在企业中的作用并没有给予多大关注,并且信息技术的发展使得中层管理者的某些传统功能(如信息传递)被弱化以及企业组织结构扁平化所带来中层管理职位的减少等诸多表象也似乎预示,中层管理者的作用和地位日趋下降。然而,新的研究表明,中层管理者是铸就变革的中坚力量。麦肯锡公司的一项调查结果表明,促使企业保持持续发展和变革,并达到更高绩效的关键因素不在于高层管理者,而在于一批具有变革才能的中层管理者和专业人才[4];据法国一家电信公司的变革项目统计,117个受资助项目中,高层管理团队提议的有80%未达到预期或完全失败,而由中层管理者提议的项目却有80%获得成功,每年至少为公司带来了3亿美元的利润。

近20年来,中层管理者在战略管理中的作用开始受到中西方学者越来越多的关注。哈特(Hart)认为,参与企业战略决策的人员不仅有高层管理者,还包括中层管理人员[5];弗洛伊德和伍尔德里奇对中层管理人员在战略决策和战略实

---

[1] MILLER D, SHAMSIE J. Learning across the life cycle: Experimentation and performance among the Hollywood studio heads[J]. Strategic management journal, 2001, 22(8): 725-745.

[2] MINTZBERG H. Mintzberg on management: Inside our strange world of organizations[M]. New York: Free Press, 1989.

[3] UYTERHOEVEN H. Retrospective commentary: general managers in the middle[J]. Harvard business review, 1989, 67(5): 136-145.

[4] 汉尼伯格. 执行在中层[M]. 石晓军, 译. 北京: 机械工业出版社, 2005.

[5] HART S L. An integrative framework for strategy-making processes[J]. Academy of management review, 1992, 17(2): 327-352.

施过程中的角色作用进行了概括，但研究主要集中于中层管理者参与战略制定环节的角色，而简化了对其在战略执行环节组织角色的研究[1]；一些中层管理研究者都强调中层管理者是联系高层管理团队和基层管理者之间的纽带，在战略制定及执行活动中发挥关键作用[2][3][4]；部分学者也认为中层管理者有权力启动新的战略举措，起着支持和加快战略执行或者降低执行质量的作用[5][6][7][8]；贝特朗和琳达（Linda）从中层管理人员预算的战略能力方面进行了分析[9]；而阿享等从社会资本角度研究中层管理者的适应性战略执行对绩效的影响，得出了中层管理者的战略参与对绩效是倒"U"形影响的结论[10]。但总的来说，相比高层管理团队对战略管理影响的研究，中层管理者对战略管理影响的研究仍然不足。

2.2.3　高层管理团队与中层管理者的相互影响研究综述

战略决策与战略执行是战略管理的基本内容。在传统的战略管理过程中，战略决策与战略实施往往是分开的、彼此独立的活动。高层管理团队与中层管理者作为企业的两个管理层级，对企业战略决策及战略执行产生重要影响。高层管理团队位居组织金字塔的顶层，承载着制定战略规划的使命，而中层管理者处在组织金字塔的中间，主要履行战略执行的功能。尽管许多研究者认为在战略管理过程中高层管理团队与中层管理者的合作至关重要，但目前有关二者对企业战略管理过程的影响研究却还是沿着各自层面展开研究，极少关注二者的互动对战略管

---

[1] FLOYD S W,WOOLRIDGE B.Middle management involvement in strategy and its association with strategic type:a research note[J].Strategic management journal,1992（13）:153-167.

[2] DUTTON J E，ASHFORD S J. Selling issues to top management [J]. Academy of management review，1993，18（3）:397-428.

[3] 袁界平.中层管理者：超竞争环境下成功制定战略的关键[J].经济体制改革，2005（6）：71-74.

[4] 孙丽君.企业创新发展中中层管理者战略角色的中介效应[J].科技管理研究，2009（8）：381-385.

[5] WESTLEY F, MINTZBERG H. Visionary leadership and strategic management [J]. Strategic management journal,1989, 10（1）:17-32.

[6] BURGELMAN R A. Fading memories: a process theory of strategic business exits in dynamic environments[J]. Administrative science quarterly,1994, 39:24-26.

[7] FLOYD S W,WOOLRIDGE B. Middle managers'strategic influence and organizational performance [J]. Journal of management studies,1997, 34:465-485.

[8] 左贵启.中层管理者战略执行力的阻碍因素与提升对策研究——基于期望理论的视角[J].现代商业，2010（11）：87.

[9] FAURÉ B, ROULEAU L. The strategic competence of accountants and middle managers in budget making [J]. Accounting, organizations and society, 2011, 36（4）：167–182.

[10] AHEARNE M, LAM S K, KRAUS F. Performance impact of middle managers' adaptive strategy implementation: the role of social capital [J]. Strategic management journal，2014，35（1）:68-87.

理过程的影响[①]。尽管如此，还是在战略管理文献中能找到高层管理团队与中层管理者相互影响的线索。例如，斯其里（Schilit）论述了中层管理者在战略决策方面对高层管理者的上行影响[②]；达顿等人考察了中层管理者在决定是否向高层管理者进谏时考虑的因素对中层管理者的战略行为产生影响，如高层管理者听取建议的意愿、支持性的组织文化、害怕负面结果、裁员情况、未来的不确定性程度、与高层管理者关系远近等[③]；劳特巴赫（Lauterbach）和魏内（Weine）的研究结果表明，不同性别的中层管理者在对高管的上行影响时存在着区别，相比较而言，女性中层管理者更倾向于为了组织利益而影响高管，而男性中层管理者则更可能因为私利去影响高管[④]；任和郭认为组织可预测与不可预测的政策窗口也会影响到中层管理者议题营销策略的选择[⑤]；陈曦等论述了高层管理团队对中层领导者行为风格与领导绩效关系的调节作用等[⑥]。尽管巴洛贡和约翰逊、柯里和普罗克特（Procter）、伍尔德里奇等少量研究者承认高层管理团队与中层管理者的合作对于战略制定及执行的重要性[⑦][⑧][⑨]，但大量的高层管理团队与中层管理者的研究仍沿着各自层面进行探讨，对二者的交互作用及合作方面的探讨仍然保持沉默。

2.2.4　研究评析

如前所述，目前高层管理团队、中层管理者的研究取得了一些研究成果，但总的来说，有关高层管理团队及中层管理者的研究至少存在以下有待进一步拓展

---

① 戴万稳，朱春蕾.企业中高层管理人员互动对战略管理的影响[J].管理学家（学术版），2011（9）：76-79.

② SCHILIT W K. Upward influence activity in strategic decision making: an examination of organizational differences[J].Group and organization Studies, 1987，12:343-368.

③ SCHILIT W K. Upward influence activity in strategic decision making: an examination of organizational differences[J].Group and organization studies, 1987，12:343-368.

④ LAUTERBACH K E, WEINER B J. Dynamics of upward influence: how male and female managers get their way[J].Leadership quarterly，1996，7（1）:87-107.

⑤ REN C R, GUO C. Middle managers' strategic role in the corporate entrepreneurial process: attention-based effects[J].Journal of management, 2011，37（6）:1586-1610.

⑥ 陈曦，宋合义，谭乐.高层管理团队对中层领导者行为风格与领导绩效关系的调节作用[J].软科学，2011，25（1）：134-139.

⑦ JULIA B, GERRY J. Johnson.organizational restructuring and middle manager sensemaking[J].Academy of management journal, 2004, 47（4）:523-549.

⑧ CURRIE G,PROCTER S J. The antecedents of middle managers' strategic contribution: the case of a professional bureaucracy[J].Journal of management studies,2005,42（7）:1325-1356.

⑨ WOOLDRIDGE B, SCHMID T, FLOYD S W. The middle manager perspective on strategy process:contributions,synthesis,and future research[J].Journal of management,2008,34: 1190-1221.

的空间。

1. 战略决策与战略执行的研究处于割裂状态

战略决策和战略执行同属于战略管理范畴，且战略决策与战略执行是一个紧密关联的持续过程。从国内外战略管理研究的文献来看，有关企业战略的研究重心主要是战略制定，而战略执行居于次要地位，在实践中总是有意或无意地将二者进行割裂，造成了我们对战略转换为组织业绩过程的了解不够完整。因为，战略影响到组织的业绩至少要经过战略决策和战略执行两个阶段，这也是学界开始注意到很多组织战略失败不是战略制定错误而是归因于战略执行不力。而从目前高层管理团队对战略管理过程的影响研究来看，其研究主要集中在 TMT 的战略决策阶段，对于战略执行研究较少，这使得在高层管理团队特征、战略决策和战略业绩的关系上不能形成必然的因果关系，这样"高层管理团队特征最终会影响到组织业绩"的假设在实际中就会出现一定的局限性[1]，甚至产生 TMT 研究结论之间的矛盾。而从目前中层管理者对战略管理过程的影响研究来看，其战略执行角色虽有所关注，但研究很少考虑中层管理者参与战略制定的角色及其对后续的战略执行所产生的影响。未来的研究应该实现战略决策与执行的连续性，并且要完整地阐释作为战略管理的主体即高层管理团队与中层管理者对战略管理过程所产生的影响。

2. 中层管理者在战略管理活动中所起的作用研究不足

战略管理研究人员非常重视高层管理团队的作用，却忽视对组织内中层管理者的研究，其实，组织战略业绩不仅仅依赖高层管理团队，还依靠中层管理者[2]。组织中的中层管理者不但在战略执行担任重要角色，而且对于战略决策也发挥重要作用，因为，中层管理者往往承担了首先认出战略问题和战略机会的关键作用，当中层管理者参与到组织战略制定并产生实现目标的备选方案时，比他们仅仅被限制在战略执行阶段将对组织绩效产生更大的影响[3]。另外，高层管理团队战略决策和战略执行也非在高层管理团队自行决定的范围之内，高层管理团队必须要处理好组织内中层管理者的关系，因为中层管理者这个群体会最终界定

---

[1] 崔松，胡蓓. 高层管理团队研究的不足与前瞻 [J]. 华东经济管理，2007，21（6）：124-130.

[2] CARPENTER M A, FREDRICKSON J W. Top management teams, global strategic posture, and the moderating role of uncertainty [J]. Academy of management journal, 2001, 44: 533-546.

[3] MICHAEL A R. The stable core and dynamic periphery in top management teams [J]. Management decision, 2003, 41（2）.

高层管理团队采取行动的范围和权力。但目前的 TMT 理论对于中层管理者在战略活动中所起的作用研究较少。研究中层管理者在战略管理过程中所起的关键作用，必将成为企业战略管理研究的崭新关注点。

3. 高层管理团队及其与中层管理者的互动过程研究不足

高层管理团队研究者起初以为能以高层管理团队人口统计学特征可作为高层管理团队心理特征的有效替代来解决高层管理团队心理特征难以刻画与测量的困境，然而后续的研究结果却事与愿违，高层管理团队人口特征及其差异性与组织绩效的关系并不稳定，尽管加入情景变量的加入提高了预测效度，但高层管理团队特征及其差异性与组织绩效的关系仍存在诸多争议，后来学者们也将研究视角聚焦于团队互动过程，把团队冲突、团队信任、团队沟通、团队凝聚力等团队互动过程变量逐步纳入到高层管理团队分析研究框架，因为在他们看来，这些互动过程变量可能较高层管理团队人口特征变量对战略产出和组织绩效具有更直接的影响，更直接反映了高层管理团队在进行战略决策时的决策过程。高层管理团队研究在团队过程方面的探讨已初步形成思维框架，但还有待进一步深入。

同时本书也注意到，高层管理团队研究者过多地聚焦于从高层管理团队内部特征及过程来研究高层管理团队如何影响组织绩效，从高层管理团队外围如从高层管理团队与中层管理者互动角度来展开探讨几乎无人涉足。同样，中层管理者的研究主要限定在其作为纯粹的战略执行角色，而鲜见其与高层管理团队的互动对战略管理过程的影响研究。高层管理团队与中层管理人员是企业的两个管理层级，二者的互动是企业战略决策方案制订和战略执行的关键，但研究人员对这种实际存在的互动保持沉默，从而影响了战略决策质量和战略执行质量，进而对企业绩效产生影响。通过探讨高层管理团队与中层管理者的互动过程内涵及维度，探讨高层管理团队与中层管理者在战略决策和战略执行中发挥共同效应的机制，进而分析对企业绩效的影响，也必将是一个全新的研究空间。

4. 企业战略决策质量与执行质量指标研究不足

战略决策与战略执行是战略管理中重要的环节，二者的质量影响企业的业绩甚至命运。尽管学界与企业界都意识到这点，但迄今为止，在战略管理文献中，战略决策及执行质量指标测量尚未形成共识，以致缺乏从如何提高战略决策质量与战略执行质量层面上进行较深入探讨，因而展开战略决策质量与战略执行质量指标的研究能为学界对战略决策质量与战略执行质量研究提供可操作的测量工具，并为企业界了解和提升战略决策质量与战略执行质量进而提高企业绩效提供理论方法与指导。

5. 高层管理团队与中层管理者的互动过程对战略决策质量及执行质量的影响机制研究的缺失

尽管一些学者表达了高层管理团队与中层管理者共同参与战略决策及战略执行中的作用，但由于以往的战略管理文献大多将战略决策及战略执行割裂开来，并且深受传统的"战略制定于高层，战略执行在中层"观点的影响，以致以往战略管理文献鲜见对高层管理团队与中层管理者的互动及其对战略管理过程的影响研究。高层管理团队与中层管理者作为企业的两个主要管理层级，二者的互动才是战略决策及战略执行的关键，但研究人员对这种实际存在的互动却有意或无意地保持沉默，从而无法揭示二者对战略决策质量和战略执行质量的影响作用，也无法进一步探讨二者对企业绩效产生的影响。因此，考察高层管理团队与中层管理者的互动过程维度，并在此基础上探讨高层管理团队与中层管理者的互动过程对战略决策质量及战略执行质量的影响具有重要意义。

2.3　本章小结

本章先对战略管理理论、高层梯队理论、中层管理者理论、人际交往理论、信息加工理论等理论进行了简要的回顾，为后续研究的开展奠定了基础，然后对高层管理团队、中层管理者对企业战略管理过程的影响、高层管理团队与中层管理者的相互影响等相关研究进行了理论综述，最后，对高层管理团队、中层管理者对企业战略管理过程的影响、高层管理团队与中层管理者的相互影响的相关研究文献研究进行了评析，提出了有待进一步探索研究的地方。

第 3 章
高层管理团队与中层管理者的
战略管理角色及其行为

战略决策与战略执行是战略管理的基本活动。如前所述，在战略决策与战略执行活动过程中，高层管理团队与中层管理者应积极互动，发挥各自的角色作用。然而，从企业管理实践来看，高层管理团队与中层管理者的战略互动效果并不令人满意，更多地流于形式而非二者的积极互动参与，究其原因，在战略管理过程中，企业管理者对高层管理团队与中层管理者的战略互动角色及其行为认识不清，因而本书讨论高层管理团队与中层管理者之间战略互动的角色及其行为表现等问题具有重要意义。

3.1 高层管理团队与中层管理者的战略互动基础

企业工作情境中的信任是维持企业效能、促进企业生存的重要因素，近年来逐渐受到学界和企业管理者的重视。复杂多变的环境、创新与变革压力，使得企业的成功越来越依赖于企业上下级的主动性行为，这种主动性行为产生的一个重要原因是来自企业各阶层彼此的信任。企业内部的信任关系是企业生存和效能的重要影响因素，可以促进企业内部各层次人员在横向和纵向上的有效沟通，有效地降低管理成本，使得企业战略目标意图的传递更加顺畅和高效流转，提高战略执行力，并有助于团队或企业绩效的提升。

企业管理层分高层、中层和基层三个层次，彼此也形成了管理层的上下级关系。企业上下级之间的信任关系，有助于降低彼此交易成本[1]、减少不确定感[2]、

---

[1] LOWE J.Trust: the invaluable asset[J].Stewardship,spirit,and servant –leadership,1998,3,68 -76.
[2] DALEY D M. Management practices and the uninvolved manager: The effect of supervisory attitudes on perceptions of organizational trust and change orientation[J].Public personnel management,1991,120（1）:101 -113.

融洽了组织氛围[①]，以及有利于组织结构扁平化，进而提高了企业的运营效率[②]。这种上下级之间的信任关系是相互的，以高层管理团队与中层管理者来说，可分为上向信任，即中层管理者对高层管理团队的信任，以及下向信任，即高层管理团队对中层管理者的信任。高层管理团队对中层管理者的上下级信任关系不同于一般同事之间的信任关系，这种信任关系的特殊性在于不是把信任关系按照普遍的人际信任处理，因为高层管理团队与中层管理者在信息、组织资源、角色行为、权力和社会关系网络等资源拥有方面存在较大的量与质上的差异，所以，二者间的信任关系不同于组织中一般人际信任的特征。因而，如果高层管理团队与中层管理者之间缺乏信任，将不能形成一致有效的信息沟通和交互影响，可能导致企业内异质性资源在构建、整合和应用过程中产生偏差，对战略绩效及企业绩效将产生不利的影响。

高层管理团队与中层管理者之间的信任会使双方对信息、资源和环境等方面的认知及跨层级交流时的角色行为等方面的整合和协同有着很大的影响[③]。

3.2 战略管理过程中高层管理团队与中层管理者的角色

环境日趋动态多变，一方面，要求企业应做出快速反应制定出适合本企业发展的战略，另一方面，企业战略有效期被缩短，要求拟定的战略能高效执行下去以期达成既定的目标。随着企业竞争的不断加剧，仅仅依靠高层管理团队所掌握的信息和资源很难引领企业的发展，此时仅靠高层管理团队已难挑起战略决策的重任，而中层管理者也不再被视为纯粹的战略执行者角色，无论是战略决策制定过程还是战略执行过程，都需要高层管理团队与中层管理者共同发挥作用。

---

① PATTERSON M,WARR P,WEST M. Organizational climate and company productivity: the role of employee affect and employee level[J].Journal of occupational and organizational psychology，2004,77（2）:193 -216.

② LIKERT R .The human organization: its management and values[M].New York:McGraw –Hill,1967.

③ WHITENER E M，BRODT S E，KORSGAARD M A，et al. Managers as initiators of trust : an exchange relationship framework for understanding managerial trustworthy behavior[J].Academy of management review，2016,23（3）:513-530.

根据高层管理团队与中层管理者在战略决策和执行过程中的角色扮演和变化，本书提出并构建了高层管理团队与中层管理者共同参与战略管理的角色模型（见图 3-1）。通过战略决策和战略执行环节中高层管理团队和中层管理者的组织角色扩展及行为配置变化来揭示二者共同参与战略决策和战略执行的作用机制。

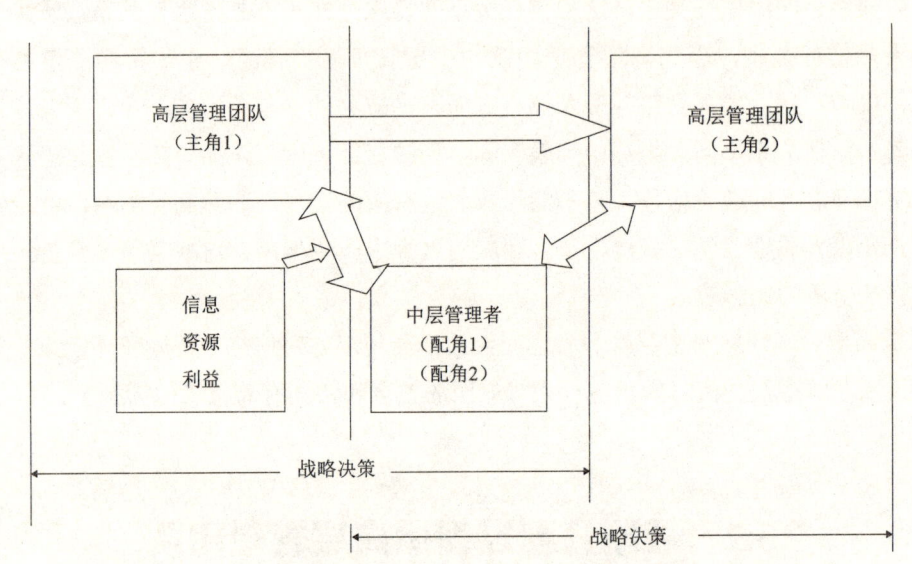

图 3-1　高层管理团队与中层管理者共同参与战略管理的角色模型
注：图中数字 1 表示战略决策环节；数字 2 表示战略执行环节

从图 3-1 可以看出，战略决策与战略执行是一个连续的过程，并且高层管理团队与中层管理者在这个连续的过程中共同发挥了自身角色所赋予的作用。

3.2.1　战略决策过程中的高层管理团队与中层管理者的角色

长期以来，在战略管理中，企业中层管理者因大多被企业界定为纯粹的战略执行者而基本被企业排斥在战略决策层之外。随着企业经营和决策环境的不断变化、全球竞争的加剧和知识跨界流动加快的情况下，企业战略决策的民主性、全员参与等方面的呼声变得越来越高。在这种情况下，中层管理者在战略管理中的角色开始从被动性和操作性转向主动性和决策性。

高层管理团队与中层管理者由于其角色职能定位，在获取环境信息、组织内外资源等方面存在差异。与中层管理者相比较，高层管理团队在获取环境信息、组织内外资源等方面占据优势，其可能对社会及市场环境的变化有更深刻的认识，因而在战略决策时有更强的话语权，自然战略决策时占主体地位，即在战略决策是充当主角（主角1），其主要角色任务是把握组织内外环境的变化、收集信息、提出战略愿景并做出战略决策，而中层管理者则充当配角（配角1），其主要任务是筛选、合成并传导信息，提供战略方案，参与战略决策。尽管中层管理者充当配角，但与高层管理团队相比，中层管理者却更易获得生产和市场的第一手信息，这些信息将有助于提升战略决策质量。

当然，如前所述，中层管理者对战略决策参与的关键决定因素依赖于高层管理团队的信任。高层管理团队信任中层管理者，将会表现出参与式领导行为的风格，中层管理者也会积极和乐意共享其异质性信息，积极参与到战略决策中来并积极促进异质性资源的整合和应用，甚至还用自己的创造性观点、知识、行动和创新对战略进行补充，这种基于充分的异质性信息共享、资源整合及参与式领导行为基础上的中高层管理者战略决策互动，促进了组织战略共识的形成，也提升了战略决策质量进而提高组织绩效。弗洛伊德和伍尔德里奇的研究发现，当中层管理者参与到组织目标设定并产生实现目标的备选方案时，比他们仅仅被限制在战略的执行阶段将对组织绩效产生更大的影响[①]。从这点意义上来说，中层管理者以配角身份参与到战略决策过程中所起的作用不能忽视。

同时，研究也注意到，在中层管理者参与战略决策的过程中，中层管理者也会利用与高层管理团队互动的机会，充分表达本部门的利益诉求和相关问题，在兼顾企业总体战略的基础上为本部门争取更多资源和高层管理团队的关注以此提升部门和自身的绩效。高层管理团队此时也应对中层管理者的诉求做出积极响应，在既考虑企业整体战略目标的前提下，又尽可能考虑中层管理者的利益诉求而彼此通过整合协商得出战略决策方案，而且当中层管理者感觉组织目标和自身目标一致，组织战略能体现自身行动的价值时，就会全身心投入后续执行环节中去。

[①] FLOYD S W，WOOLDRIDGE B.Middle management' strategic influence and organizational performance[J]. Journal of management studies, 1997, 34（3）:465-485.

3.2.2 战略执行过程中的高层管理团队与中层管理者的角色

中层管理者在企业管理层级中占据着承上启下的特殊地位。企业战略规划需经中层管理者向下层清晰地传达，并且中层管理者负责把规划分解为计划并转变成行动，负责监控部门或团队的生产或经营活动，使之能够按照高层管理团队设定的战略规划进行。因而在战略执行环节，中层管理者是核心力量，是战略执行的主角（主角2）。尽管中层管理者充当战略执行的主角，但在战略执行过程中也离不开高层管理团队的参与，特别在战略执行中的沟通、人员调配、监控和评价等活动中发挥了不可替代的作用，并且为了激励中层管理者有效实施战略，高层管理团队还要灵活运用各种手段与方法，以获得中层管理者对战略的肯定性及全面性支持，正是其对战略执行流程的积极参与及影响才确保战略的成功执行，同时，中层管理者也希望在战略执行过程中能得到高层管理团队的指引与支持，因而高层管理团队在战略执行环节充当了配角（配角2）的作用。

3.3 战略管理过程中高层管理团队与中层管理者的角色行为表现

高层管理团队对中层管理者的信任将使高层管理团队表现出参与式领导行为，这种参与式领导行为将使中层管理者产生心理授权的感觉，使其体验到心理授权带来的内在激励和组织认同感，激发并充分释放自我潜能，提升了中层管理者对组织发展的责任感，从而使中层管理者更大胆、乐意并觉得自己有责任向高层管理团队就战略议题积极建言。同时，高层管理团队参与式领导行为在组织中营造一种良好的组织建言氛围，缩短了高层管理团队与中层管理者之间的心理距离，增强了中层管理者的归属感和主动性，在这样的组织中，中层管理者更有可能就组织战略问题畅所欲言。

中层管理者对高层管理团队的信任将使中层管理者表现出积极参与行为。一方面，中层管理者将会积极参与到战略决策过程中，主动分享来自于企业内外部可能对战略决策有作用的异质性资源，积极向高层管理人员推销基于中低层管理者诉求的战略方案，另一方面，高层管理团队也会充分考虑中层管理者获取异质性信息、资源的能力并融入中层管理者所获取的信息和资源，将促进异质性信息和资源在战略决策过程中与企业环境及内部资源等的契合，有利于异质性信息和资源在企业内部的流动和共享，正是在信息交流与共享中，高层管理团队与中层管理者才得以达成战略共识。而中高层管理人员战略共识的达成也有助于战略执行的顺利实施，因为中层管理者将对最终的战略决策方案做出积极的响应并可能创造性地执行战略，将有效推进战略方案的执行并达到好的战略执行效果。相反，如果中层管理者对高层管理团队是信任程度低，那将会导致中层管理者不愿意共享其获取的异质性信息和资源，不利于异质性资源的流动、整合和应用，从而会影响战略决策的质量，也因为自身参与战略决策的程度低而使得对高层管理团队形成的战略决策方案缺乏认同，也将最终影响战略执行效果。

3.4 本章小结

本章先论述了战略管理过程中高层管理团队与中层管理者的互动基础，指出高层管理团队与中层管理者之间广泛的信息交换和良性的交互影响关键依赖于高层管理团队与中层管理者之间的信任；然后对战略管理过程中高层管理团队与中层管理者的角色的相关研究进行了阐述，包括战略决策过程中的高层管理团队与中层管理者的角色、战略执行过程中的高层管理团队与中层管理者的角色等方面内容；最后，对战略管理过程中高层管理团队与中层管理者的角色行为表现进行了剖析。这些内容为后续研究奠定了理论基础。

第 4 章

高层管理团队参与式领导对中层管理者战略建言行为的影响机制

在以高动态性、高复杂性和高竞争性为特征的现代企业经营环境下，企业不仅需要高层管理团队的战略眼光和决断，也需要中层管理者主动为企业战略选择建言献策。在组织管理层级中，中层管理者处于中间位置，起着上传下达的纽带作用。在日常管理中，中层管理者由于常深入生产及市场的一线，因而更易获得第一手信息，其富有创造性而又合理的建言往往能够减少战略决策失误。中层管理者的战略建言对于战略决策质量乃至企业绩效有着不可忽视的作用。

从人际交往的视角来看，建言行为具有鲜明的人际互动特质。在建言行为的前因研究中，上级的领导风格讨论最多[1]。领导风格的表述很多，概括起来主要包括变革型领导、交易型领导、伦理领导、家长式领导、辱虐管理、参与式领导等类型，并且一些学者对这些领导风格与下属建言行为的关系展开了理论和实证的探索。康奇（Conchie）（2012）[2]、周浩和龙立荣（2012）[3]等证实了变革型领导对员工建言行为有显著的正向影响，而且信任、认同、组织心理所有权等变量在变革型领导与员工之间建言行为起中介作用。叶云清（2011）研究表明，交易型领导与促进性建言正相关，其中权变奖励与促进性建言行为存在显著的正相关关系，例外管理与抑制性建言行为存在显著正相关关系，并且心理授权在交易型领导与建言行为及促进性建言行为之间起中介作用，同时发现，放任型领导与员工的促进性建言行为负相关，与抑制性建言行为没有显著的相关关系[4]。雄（Hsiung）发现，员工积极情绪、领导成员交换在诚信领导与建言行为之间起中介作用[5]。詹姆斯

---

[1] KWAN H K, LIU J, YIM F H K. Effects of mentoring functions on receivers' organizational citizenship behavior in a Chinese context: a two-study investigation[J]. Journal of business research, 2011, 64(4):363-370.

[2] STACEY C M. Promoting safety voice with safety-specific transformational leadership:the mediating role of two dimensions of trust[J]. Occupational health psychology, 2012,17(1): 105-115.

[3] 周浩，龙立荣. 变革型领导对下属进谏行为的影响：组织心理所有权与传统性的作用[J]. 心理学报，2012, 44(3)：388-399.

[4] 叶云清. 领导风格对员工建言行为的影响研究[D]. 天津：南开大学，2011.

[5] HSIN-HUA HSIUNG. Authentic leadership and employee voice behavior: a multi-level psychological process[J]. Journal of business ethics, 2012,3(107):349-361.

（James）、塔拉（Tara）和迈克尔（Michael）研究表明伦理领导对员工建言产生积极影响，并且员工进言在伦理领导与员工心理幸福感之间起中介作用[1]。景保峰证实了家长式领导的仁慈行为、德行行为对下属建言行为均存在显著的正向影响，威权行为的负向影响不显著，而组织自尊和心理安全感在家长式领导与员工建言行为关系之间均起部分中介作用，心理安全感在德行领导与员工建言行为关系之间起完全中介作用[2]。严丹和黄培伦研究表明，辱虐管理对员工的建言行为有显著的负向影响，员工的组织认同和组织自尊在其中起完全中介作用[3]。博特罗（Botero）和达因（Dyne）在研究中提出，领导成员交换是通过权力距离[4]；伍争荣指出，心理所有权与心理安全等[5]变量对员工的建言行为产生影响等。但我们发现在众多的关于领导行为风格对下属建言影响的研究中，却鲜见参与式领导对下属建言的影响研究。高层管理团队信任中层管理者，在组织活动中将会表现出参与式领导行为的风格，因而揭示高层管理团队参与式领导对中层管理者战略建言的影响机制具有重要意义。

4.1 理论基础相关概念阐释

4.1.1 参与式领导

参与式领导的提出可追溯到李克特（Likert）提出的领导方式理论，该理论提出了包含民主参与在内的四种领导方式[6]，后来浩室（House）的领导方式理论[7]、弗鲁姆（Vroom）和耶顿（Yetton）等人的参与决策理论[8]等理论进一步

---

[1] JAMES A, TARA W, MICHAEL P. Exploring the process of ethical leadership: the mediating role of employee voice and psychological ownership[J]. Joural of business ethics, 2012, 107(1): 21-34.
[2] 景保峰. 家长式领导对员工建言行为影响的实证研究[D]. 广州：华南理工大学，2012.
[3] 严丹，黄培伦. 辱虐管理对建言行为影响及机制[J]. 管理工程学报，2012, 26(4): 8-16.
[4] BOTERO I C, DYNE L V. Employee voice behavior interactive effects of LMX and power distance in the United States and Colombia[J]. Management communication quarterly, 2009, 23(1): 84-104.
[5] 伍争荣. 领导—成员交换对建言行为的影响及其作用机制[D]. 杭州：浙江工商大学，2012.
[6] LIKERT R. New Patterns of management[M]. London: McGraw Hill Kogakusha, 1961.
[7] HOUSE R J. A path goal theory of leader effectiveness[J]. Administrative science quarterly, 1971(3): 321-338.
[8] VROOM V, YETTON P. Leadership and decision making[M]. Pitts burgh: University of Pittsburgh Press, 1973.

深化了对参与式领导的研究。一些学者对参与式领导定义进行了不同的表述，表4-1简要总结了奥斯卡（Sosik）等、库普曼（Koopman）等、阿诺德（Arnold）等、瓦格曼（Wageman）、萨默奇（Somech）、陈雪峰等、黄（Huang）等、苗（Miao）等、莫妮卡（Monika）等学者对参与式领导内涵的相关理解。

表4-1 参与式领导的相关概念

学者（年份）	概念
奥斯卡等（1997）[1]	参与式领导是指领导在作决策之前会询问下属的意见，并且鼓励下属参与决策制定，最终共享决策权的一种领导风格
库普曼等（1998）[2]	参与式领导是指上下级联合决策，或者至少在决策中具有共同影响力的一种领导风格
阿诺德等（2000）[3]	参与式领导是指领导利用团队成员分享和提供的信息进行决策，并且鼓励团队成员表达建议和想法的领导风格
瓦格曼（2001）[4]	参与式领导是指领导鼓励员工共同讨论有关组织利益的事项，形成咨商式的领导风格
萨默奇（2003）[5]	参与式领导行为是指领导鼓励下属参与决策，接受下属提出不同意见的一种领导风格
陈雪峰和时勘（2008）[6]	参与式领导行为是指领导让员工参与工作中的信息搜寻、决策制定或问题解决，是有效领导行为的一部分
黄，伦，刘和龚（2010）[7]	参与式领导行为是通过向下属提供更大的工作自主权，更多地关心、影响、支持及提供信息和其他资源来促进下属参与，并通过在决策前征询下属意见，来与下属共享信息和观点的系列领导行为
苗等（2014）[8]	参与式领导是指鼓励员工参与决策，为员工提供资源和支持的民主式领导风格
莫妮卡和维埃沙河（2015）[9]	参与式领导是一种鼓励员工参与公司决策、共同解决问题的领导方式，管理者通过与员工分享权力，使员工具有一定的自主权，激发其自主创造性，增强其决策能力

---

[1] SOSIK J J,AVOLIO B J,KAHAI S S.Effects of leadership style and anonymity on group potency and effectiveness in a group decision support system environment[J].Journal of applied psychology, 1997, 82(82):89-103.

[2] KOOPMAN P L,DRENTH P J D,BUS FBM,et al.Content,process and effect of participative decision making on the shop floor:Three cases in the Netherlands[J].Human relations,1981,34(8):657-676.

[3] ARNOLD JA,RAD S A,RHOADES J A, et al. The empowering leadership questionnaire:the construction and validation of a new scale for measuring leader behaviors[J].Journal of organizational behavior,2000,21(3):249-269.

[4] WAGEMAN R.How leaders foster self-managing team effectiveness:design choices versus hands-on coaching[M]. Hanover:informs press,2001, 559-577.

[5] SOMECH A.Relationships of participative leadership with relational demography variables: a multi-level perspective[J].Journal of organizational behavior,2003, 24(8):1003-1018.

[6] 陈雪峰,时勘.参与式领导行为的作用机制：来自不同组织的实证分析[J]. 管理世界,2008(3):126-132.

[7] HUANG X,IUN J,LIU A, et al. Does participative leadership enhance work performance by inducing empowerment or trust? the differential effects on managerial and no-managerial subordinates[J].Journal of organizational behavior, 2010,31(1):122-143.

[8] MIAO Q, NEWMAN A,HUANG X. The impact of participative leadership on job performance and organizational citizenship behavior: distinguishing between the mediating effects of affective and cognitive trust[J].The international journal of human resource management,2014,25(20):2796-2810.

[9] MONIKA R,VIERA F.The feature of participative managementstyle[J].Procedia economics and finance,2015,23(15):1383-1387.

上述关于参与式领导内涵的阐释，主要分为两种：一是通过向下属咨询或召开下属团队会议让下属以某种方式参与领导本应独立完成的决策；二是领导让下属参与决策过程，并通过允许下属直接影响决策结果和他们分享决策权。不难看出，两种内涵解读的差别在于下属是否享有最终决策权。研究发现，组织越来越多地运用参与式领导方式来提高员工的组织承诺，应对激烈的环境变革和市场竞争[1][2]。

4.1.2 建言行为

建言行为源于英文单词"voice behavior"。自赫希曼（Hirschman）[3]在其构建的 EVL 模型中提出"员工在工作满意感低时会做出建言或换岗离职反应"以来，建言行为引起了广大学者的关注。建言行为的定义描述很多，为研究者普遍接受的定义是"建言行为是描述员工为改进组织现状而主动向管理者提出意见和建议的行为"[4][5]。一般而言，建言行为按建言的目的可分为促进性建言和抑制性建言。促进性建言是指个体主动提出改善组织运作情况的新想法或新建议，抑制性建言则是指个体大胆指出工作实践中存在的问题(如有害的行为，不恰当的程序、规则或政策)，前者能够为组织发展提供创新性的思路，而后者则能够使得大家意识到存在的问题[6]。建言行为也被看成一种有益于组织发展的角色外行为，即在常规的绩效评价中不包含的工作内容[7]。

4.1.3 心理授权

心理授权是一个心理学术语，它源于心理学对权力的认识，认为权力是一种

---

[1] CHEN X P.Leadership behavior and employees intention to leave[M].Peking: Peking University Press, 2002,293-311.

[2] 陈雪峰，时勘. 员工满意度与参与式领导行为和绩效的关系 [J]. 人类工效学，2009，15(1)：15-20.

[3] HIRSCHMAN A O.Exit, voice, and loyalty: responses to decline in firms, organizations, and states[M].Harvard University Press,1970.

[4] RUSBULT C E，FARRELL D.A longitudinal test of the investment model: the impact on job satisfaction,job commitment, and turnover of variations in rewards, costs,alternatives, and investments[J].Journal of applied psychology,1983,68(3): 429-438.

[5] WITHEY M J,COOPER W H. Predicting exit, voice,loyalty and neglect[J].Administrative science quarterly,1989,34(4):521-539.

[6] LIANG J, FARH J L. Promotive and Prohibitive Voice Behavior in Organ izations: A Two-Wave Longitudinal Examination.[C]Third International Association of Chinese Management Research Conference,Guangzhou, China, June 18-22,2008.

[7] MORRISON E W. Employee voice and silence[J]. Annual review of organizational psychology and organizational behavior, 2014(1):173-197.

自我决策的内在心理需求，或者是提高自我效能感知的一个过程[1]。心理授权强调的是被授权者的心理体验，而非仅只关注领导如何将权力下放给员工。托马斯（Thomas）等第一个正式提出了心理授权的概念，认为心理授权是对组织授权行为的心理认知，是个体体验到的内在动机的综合体，这个体验综合体包括工作意义、自我效能感、工作影响和选择四个部分[2]。施普赖策（Spreitzer）将心理授权界定为一种反映对工作前瞻性倾向和控制感的内在动机，包含工作意义、胜任力、自我决定及影响力四个维度[3]。心理授权作为员工被授权后体验的综合体，是一种内在的、持续的工作动力，它已被研究证实能够激发员工的主动性行为进而提升组织绩效[4][5]。员工通过感知管理者的授权行为将充分体会到管理者对自己的信任和重视，认为自己对于组织是有价值和有意义的，会为此感到有成功感、成就感，而这种成就感和成功感是员工做出与工作相关行为的内源性动机。

4.1.4 组织建言氛围

雷平（LePine）和万（Van）指出，建言行为不仅受个体的态度、气质和感知的影响，更受成员间共享的感知和信念的影响[6]。与创新、安全等特定氛围相似，组织中也存在进言氛围。施耐德（Schneider）等提出的组织氛围是同一组织中各成员的共享认知或集体信念[7]。莫里森（Morrison）等人指出，组织建言氛围是组织成员对建言行为产生的影响的共享信念，主要包括组织建言安全信念和组织建言效能，前者主要反映了在组织中讲出某些合理建议是否是安全的共享感知，而

---

[1] CONGER J A，KANUNGO R N.The empowerment process: integrating theory and practice[J].Academy of management review, 1988,3:471-482.

[2] THOMAS K W,VELTHOUSE B A.Cognitive elements of empowerment: an "interpretive" model of intrinsic task motivation[J].Academy of management review,1990,15（4）: 666-681.

[3] SPREITZER G M. Psychological empowerment in the workplace:dimensions，measurement，and validation[J].Academy of management journal,1995,(38): 1442-1465.

[4] LEACH D J,WALL T D ,JACKSON P R.The effect of empowerment on job knowledge: an empirical test involving operators of complex technology[J].Journal of occupational and organizational psychology, 2003,76(1):27-52.

[5] AHEARNE M, MATHIEU J, RAPP A.To empower or not to empower your sales force? an empirical examination of the influence of leadership empowerment behavior on customer satisfaction and performance[J].Journal of applied psychology,2005, 90(5):945-955.

[6] LEPINE J A, DYNE L V.Predicting voice behavior in work groups[J].Journal of applied psychology, 1998,83(6):853-868.

[7] SCHNEIDER B,REICHERS A. On the etiology of climate[J].Personnel psychology, 2010 ,36 (1) :19-39.

第 4 章
高层管理团队参与式领导对中层管理者战略建言行为的影响机制

后者是对组织成员能否成功建言的感知[①]。田晓明等认为组织建言氛围可视为组织成员对组织中是否存在着一种接纳或鼓励成员建言的文化感知，并提出组织建言氛围的构成要素包括工作自主性、团队建言氛围、领导风格以及组织支持[②]。施放和邢佳佳对组织建言氛围含义进行了归纳总结，即认为组织建言氛围归纳为安全的环境及对文化或机制的感知两个方面，而且都侧重于组织员工的内在情绪[③]。

4.2 理论与假设

4.2.1 高层管理团队参与式领导对中层管理者战略建言行为的影响

建言行为是基于员工对组织更多的承诺和信赖之上的一种角色外行为，背后存在深层次的动机激励。战略建言行为就是在组织面临战略决策或变革时，组织各层级成员主动向高层管理团队提出自己的建议或想法的行为。中层管理者不应是纯粹的战略执行者，而应是战略制定的参与者，从战略制定的角色行为来看，高层管理团队是主角，而中层管理者则是不可缺少的配角。达顿等[④]、孙丽君[⑤]等研究表明，中层管理者提出的有关战略方案的建言在战略制定活动中发挥了关键作用。

建言行为是下属对组织更多的承诺和信赖之上的一种角色外行为，背后存在深层次的动机激励，而高层管理团队参与式领导能使中层管理者体验到这种领导行为带来的内在激励并产生自我价值、自我效能、自我决策等主观感觉，从而提高中层管理者的动机水平，进而提高其进言的积极性[⑥]。因此，从动机激励的视

[①] MORRISON E W, WHEELER-SMITH S L, KAMDAR D. Speaking up in groups: a cross-level study of group voice climate and voice[J]. Journal of applied psychology, 2011, 96(1):183-191.

[②] 田晓明，王先辉，段锦云. 组织建言氛围的概念、形成机理及未来展望[J]. 苏州大学学报，2011(6)：52-58.

[③] 施放，邢佳佳. 组织建言氛围对组织战略变革的作用研究——以组织学习为中介[J]. 浙江工业大学学报（社会科学版），2018, 17(2)：163-167.

[④] DUTTON J E, ASHFORD S J. Selling issues to top management[J]. Academy of management review, 1993, 18(3):397-428.

[⑤] 孙丽君. 企业创新发展中中层管理者战略角色的中介效应[J]. 科技管理研究，2009(8)：381-385.

[⑥] 陈雪峰，时勘. 参与式领导行为的作用机制：来自不同组织的实证分析[J]. 管理世界，2008：26-132.

角来看，高层管理团队参与式领导与中层管理者的战略建言之间存在逻辑关联。一方面，高层管理团队参与式领导行为缘于高层管理团队对中层管理者的信任，这种行为增加了中层管理者主动参与战略决策的程度，激发了中层管理者对组织的归属感，因而在这种情况下，中层管理者更容易把个人目标融合于组织战略目标之中，主动向高层管理团队推销自己有关战略方案的新想法或新建议；另一方面，高层管理团队参与式领导行为会激发中层管理者关注组织的积极性，因而中层管理者会根据自己掌握的生产和市场的一线信息对高层管理团队提出的战略方案进行初步分析，当感知高层管理团队提出的战略设想有可能致使组织遭受损失或面临潜在的威胁时，中层管理者也会提出自己的意见，建议高层管理团队慎重考虑或修订战略方案，特别在权力距离较大的中国组织情境中，高层管理团队参与式领导行为无疑是对中层管理者释放了一种民主参与决策的积极信号，消除了中层管理者担心就组织中出现的问题公开发表自己的看法会影响组织的和谐、挑战领导权威和影响自己职业发展的顾虑，从而促进了中层管理者战略建言这种角色外行为的发生。

基于以上分析，本章提出如下假设：

假设1：高层管理团队参与式领导对中层管理者的战略建言行为具有显著的正向影响。

4.2.2 高层管理团队参与式领导对中层管理者心理授权及组织建言氛围的影响

高层管理团队作为组织战略决策的主体，对组织战略决策质量及组织绩效产生不可替代的作用，而高层管理团队参与式领导就是通过电子媒介、召开下属团队会议等形式来倾听中层管理者等下属的意见并主动征求他们对决策和管理的看法与意见，从而保证决策与管理的周密性和科学性的领导风格。

高层管理团队参与式领导行为对中层管理者释放了一种民主、开放的姿态，它不是停留在高层管理团队口头上，而是以文件或制度等形式规定了中层管理者参与战略决策及管理活动的细则，因此中层管理者能从内心深处体会到高层管理团队对自己的信任和重视，认为自己不但是战略的执行者，还是战略制定与管理决策的参与者，从而产生自我决策、归属感、主人翁意识等主观感觉，这种内心产生的授权感觉远甚于其他形式的物质激励，而这种内心的满足感正是中层管理者参与决策与管理的内源性动机。

高层管理团队参与式领导有利于在组织中营造一种良好的组织建言氛围。一方面，高层管理团队参与式领导所蕴含的分权、自我管理、民主开放的精神，能使中层管理者形成被组织接纳或鼓励的文化感知，无形中为中层管理者积极建言营造了一种良好的组织氛围，中层管理者在这样的组织中更有可能就组织战略问题畅所欲言，因为这样的组织能够正视并开放地讨论所面对的问题；另一方面，高层管理团队参与式领导通过正式的组织制度或非正式的组织活动增加了中层管理者与高层管理团队互动的机会，双方较频繁的交流互动及彼此信任的增强有助于良好的组织建言氛围形成。

基于以上分析，本章提出如下假设：

假设2a：高层管理团队参与式领导对中层管理者心理授权有显著的正向影响。

假设2b：高层管理团队参与式领导对组织建言氛围有显著的正向影响。

4.2.3 心理授权及组织建言氛围对中层管理者战略建言行为的影响

中层管理者向高层管理团队战略建言是一种自愿的角色外行为，靠行政命令是不能奏效的，更多地取决于中层管理者的内在动机，而心理授权就是中层管理者产生内在动机的源泉，并且中层管理者的心理授权感越强，他们对高层管理团队战略建言的次数就会增加。高心理授权感的中层管理者会认为向高层管理团队战略建言是一种责任和权力，因而会对围绕组织战略方面的问题给予更多的关注，也会积极主动地表达自己的观点或想法，而低心理授权感的中层管理者由于存在较高的心理负担和消极预期，也难向高层管理团队战略建言。

莫里森等研究表明，建言行为不仅受个体态度与感知的影响，更受团队建言氛围的影响[①]，将团队层面扩展到组织层面。本书认为，组织个体的建言行为受组织建言氛围的影响。在一个良好的组织建言氛围中，组织的开放程度较高，在这样的文化氛围中，中层管理者会感觉到战略建言是安全且有效的，这将激励中

---

① MORRISON E W, WHEELER-SMITH S L, KAMDAR D. Speaking up in groups: a cross-level study of group voice climate and voice[J]. Applied psychology, 2011, 96 (1): 183-191.

层管理者提出有关战略制定或变革的合理化建议,并且良好的组织建言氛围使中层管理者感觉原本存在的权力距离缩小,拉近了与高层管理团队的心理距离,从而促进中层管理者的战略建言行为发生。

假设3a：心理授权对中层管理者战略建言的行为具有显著的正向影响。

假设3b：组织建言氛围对中层管理者战略建言行为具有显著的正向影响。

4.2.4 心理授权与组织建言氛围的中介效应作用

领导风格作为一个重要的情景变量,一般都是通过改变下属的心理认知状态从而使其产生行为上的变化。大量的研究均显示领导风格能显著提高下属的心理授权水平并进而对员工行为产生影响,如魅力型领导[1]、变革型领导[2]、参与式领导[3]、领导—成员交换[4][5]、领导者的支持性管理行为[6]、领导者的可接近性[7]等。其中参与式领导对下属的心理授权水平及行为的影响近些年逐渐受到关注,如黄等的研究就表明参与式领导与心理授权呈正相关关系,而且员工任职年限与参与式领导的交互作用会对心理授权的工作效能维度产生显著影响,即工作年龄越大,参与性越强,对心理授权产生影响越强[8]；陈雪峰和时勘揭示了参与式领导行为通过心理授权的中介作用影响员工满意度和组织承诺[9]等。

---

[1] CONGER J A, KANUNGO R N, MENON S T. Charismatic leadership and follower effects[J].Journal of organizational behavior, 2000,21(7):747-767.

[2] AVOLIO B J, ZHU W C, KOH W, et al. Transformational leadership and organizational commitment: mediating role of psychological empowerment and moderating role of structural distance[J].Journal of organizational behavior,2004,25(8):951-968.

[3] HUANG X,SHI K, ZHANG Z J,et al.The impact of participative leadership behavior on psychological empowerment and organizational commitment in Chinese state-owned enterprises: the moderating role of organizational tenure[J]. Asia pacific journal of management,2006,23(3):345-367.

[4] ARYEE S, CHEN Z X. Leader–member exchange in a Chinese context: Antecedents, the mediating role of psychological empowerment and outcomes[J].Journal of business research,2006,59(7):793-801.

[5] KIM B, GEORGE R T. The relationship between leader-member exchange (LMX) and psychological empowerment: a quick casual restaurant employee correlation study[J].Journal of hospitality & tourism research,2005,29(4): 468-483.

[6] PECCEI R, ROSENTHAL P.Delivering customer-oriented behavior through empowerment: an empirical test of HRM assumptions[J].Journal of management studies,2001,38(6):831-857.

[7] HANCER M, GEORGE R T. Psychological empowerment of non-supervisory employees working in full-service restaurants[J].Hospitality management,2003(22):3-16.

[8] HUANG X,SHI K, ZHANG Z J,et al.The impact of participative leadership behavior on psychological empowerment and organizational commitment in Chinese state-owned enterprises: the moderating role of organizational tenure[J]. Asia pacific journal of management,2006,23(3):345-367.

[9] 陈雪峰,时勘.参与式领导行为的作用机制：来自不同组织的实证分析[J].管理世界,2008：126-132.

第4章
高层管理团队参与式领导对中层管理者战略建言行为的影响机制

管理者的授权活动只有使下属真正产生心理授权的感觉时，授权产生的效应才能显现出来。而高层管理团队参与式领导注重向中层管理者分享权力，使中层管理者真正产生心理授权的感觉，提高了中层管理者的心理安全感及心理认同，特别当中层管理者在心理上被授权的体验增强时，其自我价值感、体验到的影响力、权力感等也会增强，这些都能够提升中层管理者对组织发展的责任感，也能够提升中层管理者对影响组织、改善组织的信心，因而中层管理者会更大胆、乐意并觉得自己有责任向高层管理团队战略建言。

莫里森等人研究表明组织中创造出有益于员工建言的氛围，将会减少员工退出或忽视行为，从而促进员工的建言行为，并且建言气氛对团队成员建言行为具有很高的预测力，超过了个体层面的团队认同、团队满意度和程序公平氛围所解释的方差变异[①]。高层管理团队参与式领导有利于在组织中营造一种良好的组织建言氛围，进而促进中层管理者的战略建言行为。一方面，高层管理团队参与式领导所蕴含的分权、自我管理、民主开放的精神，无形中为中层管理者积极建言营造了一种良好的组织氛围，增强了中层管理者的归属感、责任感和主动性，中层管理者在这样的组织中更可能就组织战略问题畅所欲言，因为这样的组织能够正视并开放地讨论所面对的问题；另一方面，高层管理团队参与式领导通过正式的组织制度或非正式的组织活动增加了中层管理者与高层管理团队互动的机会，双方较频繁的交流互动和彼此信任的增强有助于良好的组织建言氛围形成，因而在中层管理者与高层管理团队的战略互动过程中，中层管理者会积极向高层管理团队推销自己有关战略方案的认识或建议。

基于上述分析，本章提出如下假设：

假设4a：心理授权在高层管理团队参与式领导与中层管理者的战略建言行为之间起中介作用。

假设4b：组织建言氛围在高层管理团队参与式领导与中层管理者的战略建言行为之间起中介作用。

基于上述分析，高层管理团队参与式领导对中层管理者战略建言行为的影响机制模型，如图4-1所示。从图中可以看出，高层管理团队参与式领导不但对中层管理者的战略建言行为产生直接影响，还通过心理授权和组织建言氛围这两个

[①] MORRISON E W, WHEELER-SMITH S L, KAMDAR D. Speaking up in groups: a cross-level study of group voice climate and voice[J]. Applied psychology, 2011,96（1）: 183-191.

中介因素对中层管理者战略建言行为产生间接影响。这一研究路径，让我们更清楚地看出高层管理团队参与式领导对中层管理者的战略建言行为的作用机制。

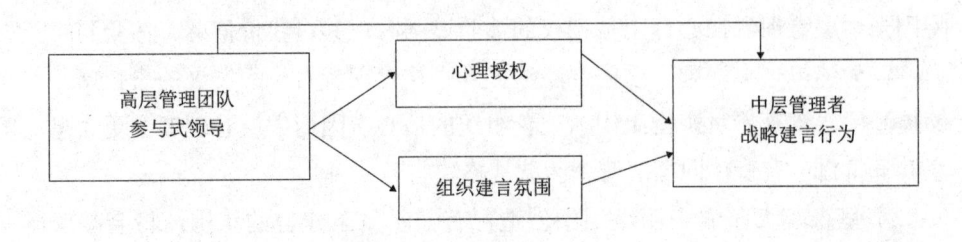

图 4-1　高层管理团队参与式领导对中层管理者战略建言行为的影响机制模型

4.3　研究设计

4.3.1　研究样本与数据收集

本书样本包括预试样本与正式测试样本，预试样本来自在校学习的 MBA 学员与企业高管培训班学员，共发放问卷 350 份，回收有效问卷 248 份，有效回收率 70.9%。正式测试样本来自湖南、广西、浙江等省份 124 家企业的中高层管理者，共发放问卷 550 份，回收有效问卷 372 份，有效回收率 67.6%。从上述两个样本统计的信息来看，男性居多（79.5% 和 74.8%），年龄以 36～45 岁为主（36.4% 和 35.7%），教育程度以本科为主（40.5% 和 37.5%），入职年限大多数在 3 年以上（35.3% 和 40.9%），制造业所占比例较大（36.3% 和 38.5%）。总体来看，所采集样本及数据信息具有一定的代表性。

4.3.2　变量测量

本书考察了高层管理团队参与式领导、心理授权、组织建言氛围、中层管理者战略建言行为，测量工具如下。

高层管理团队参与式领导在阿诺德等编制的参与式领导行为问卷

第 4 章 高层管理团队参与式领导对中层管理者战略建言行为的影响机制

(participative leadership behavior)[①]的基础上结合高层管理团队、中层管理者这两个研究主体修改而成,包括"高层管理团队鼓励中层管理者表达自己的观点和建议""高层管理团队乐于倾听中层管理者的想法和意见""高层管理团队会听取中层管理者的合理化建议""高层管理团队会给中层管理者提意见的机会""高层管理团队不会贸然否决中层管理者的提议"和"高层管理团队不会一意孤行"六个题项。心理授权采用施普赖策[②]编制并经国内学者李超平等(2006)[③]、刘云(2010)[④]修订的量表,包括工作意义、胜任力、工作自主权、工作影响力等四个维度,其中工作意义包括"我所做的工作对我来说非常有意义""工作上所做的事对我个人来说非常有意义""我的工作对我来说非常重要"三个题项;胜任力包括"我掌握了完成工作所需要的各项技能""我自信自己有干好工作上的各项事情的能力""我对自己完成工作的能力非常有信心"等三个题项;工作自主权包括"我自己可以决定如何来着手来做我的工作""在如何完成工作上,我有很大的独立性和自主权""在决定如何完成我的工作上,我有很大的自主权"三个题项;工作影响力包括"我对发生在本部门的事情的影响很大""我对发生在本部门的事情起着很大的控制作用""我对发生在本部门的事情有重大的影响"等三个题项。组织建言氛围在弗雷泽(Frazier)和鲍勒(Bowler)[⑤]研究中在以万和雷平[⑥]测量建言行为为基础所开发的团队建言氛围量表基础上修改而成,包含"组织鼓励成员对影响组织生存与发展的问题提出建议","组织鼓励成员参与到影响组织的事务之中","组织鼓励成员即使持不同甚至反对的意见,也把自己关于工作的不同看法和同事交流","组织鼓励成员说出对组织可能有帮助的观点","组织鼓励成员积极参与到影响组织工作质量的议题中","组织鼓励成员就工作程序中的新方案或新变化提出自己的建议和想法"等六个题项。由于中层管理者战略建言行为没有直接的文献,本书在访谈与开放式问卷的基础

[①] ARNOLD J A, ARAD S, RHOADES J A, et al. The empowering leadership questionnaire:the construction and validation of a new scale for measuring leader behaviors[J].Journal of Organizational Behavior,2000,21(3): 249-269.

[②] SPREITZER G M. Psychological empowerment in the workplace: dimensions, measurement and validation[J]. Academy of management journal,1995, 38(5):1442-1465.

[③] 李超平,李晓轩,时勘,等.授权的测量及其与员工工作态度的关系[J].2006(1):99-106.

[④] 刘云.组织创新气氛对员工创新行为的影响过程研究——基于心理授权与激励偏好的实证分析[D].上海:上海交通大学,2006.

[⑤] FRAZIER M L, BOWLER W M. Voice climate, supervisor undermining, and work outcomes:a group-level examination[J].Journal of management,2015,41(3):841-863.

[⑥] DYNE L V, LEPINE L A. Helping and voice extra-role behavior:evidence of construct and predictive validity[J].Academy of management journal, 1998,41(1):108-119.

上，经与两名企业管理专业的教授讨论，最终形成了中层管理者战略建言行为量表，包括"我曾向高层管理者就企业战略决策议题表达过自己的想法或意见""我曾就企业战略执行议题与高层管理者进行了反馈、沟通与协调""我曾向高层管理者就企业战略业绩度量表达过自己的想法或意见""我曾向高层管理者就企业战略调整表达过自己的想法或意见"等四个题项。上述关于高层管理团队参与式领导、心理授权、组织建言氛围、中层管理者战略建言行为的正式调查问卷采用Likert五级量表，1代表完全不符合，5代表完全符合。

4.3.3 数据分析与结果

在编制本书问卷量表后，先对包含248份问卷数据的预试样本进行测试，对高层管理团队参与式领导、心理授权、组织建言氛围、中层管理者战略建言行为进行探索性分析，通过删除问卷中负荷值较小的题项，修改题项中生硬、容易引起歧义的语义表达后再进行正式测量，采用包含372份有效问卷的124家企业为正式样本进行验证性分析，验证其结构效度，然后考察高层管理团队参与式领导对中层管理者战略建言行为的影响关系、高层管理团队参与式领导对中层管理者心理授权及组织建言氛围的影响关系、心理授权及组织建言氛围对中层管理者战略建言行为的影响关系及对心理授权与组织建言氛围的中介效应作用进行检验。分析过程中采用SPSS17.0及AMOS20.0等统计软件进行因素分析、方差分析及结构方程建模。

1.高层管理团队参与式领导的探索性和验证性因素分析

1）高层管理团队参与式领导的探索性因素分析与信度检验。

采用SPSS17.0对预试样本的248份问卷数据进行高层管理团队参与式领导的探索性因素分析。先对样本数据进行KMO（Kaiser-Meyer-Olkin）取样充分性测量和Bartlett球度检验，其检验结果如表4-2所示。KMO统计量为0.917，依据凯泽（Kaiser）的观点，KMO在0.7以上适合做因素分析[①]，而且Bartlett球体检验的统计值的显著性概率是0.000，小于0.001，进一步说明了样本数据适合做因子分析。

---

① KAISER H F.An index of factorial simplicity[J].Psychomctrika, 1974 (39) 31-36.

表 4-2　KMO 与 Bartlett's 检验（N=248）

凯瑟-梅尔-奥尔金的取样充分性测量	0.917
巴特利特球度检验	1335.609
df	15
Sig	0.000

采用主成分分析法抽取特征值大于 1 的共同因子，最终析出特征值大于 1 的公共因子 1 个，因子解释变异量达到 77.483%（>60%），因子负荷为 0.766～0.922（>0.7），这表明各题项均具有较好的结构效度，探索性因素分析结果如表 4-3 所示。

表 4-3　高层管理团队参与式领导的探索性因素分析（N=248）

测量项目	因素负荷
TMTPL1 高层管理团队鼓励中层管理者表达自己的观点和建议	0.896
TMTPL2 高层管理团队乐于倾听中层管理者的想法和意见	0.922
TMTPL3 高层管理团队会听取中层管理者的合理化建议	0.884
TMTPL4 高层管理团队会给中层管理者提意见的机会	0.918
TMTPL5 高层管理团队不会贸然否决中层管理者的提议	0.766
TMTPL6 高层管理团队不会一意孤行	0.886
各因素解释变异的百分比	77.483
特征根值	4.649

对探索性因子分析得出的高层管理团队参与式领导进行信度检验，如表 4-4 所示。结果表明各结构维度的显变量的纠正条款总相关系数值 (CITC) 均在 0.5 以上，条款删除后的信度系数均小于结构维度的整体 α 信度系数，且结构维度的整体 α 信度系数在 0.7 以上，说明高层管理团队参与式领导结构因子具有较好的信度。

表 4-4　高层管理团队参与式领导结构的信度检验（N=248）

因子结构	条款	CITC	条款删除后的 α 信度系数	α 信度系数
高层管理团队参与式领导	TMTPL1	0.847	0.928	0.942
	TMTPL2	0.882	0.923	
	TMTPL3	0.831	0.930	
	TMTPL4	0.876	0.924	
	TMTPL5	0.683	0.941	
	TMTPL6	0.832	0.930	

2）高层管理团队参与式领导的验证性因素分析与效度检验。

采用 AMOS20.0 对正式测试中得到的 124 家企业 372 份问卷进行验证性因素分析（CFA）。根据识别后的模型拟合输出的数据进行分析，绝对适配度指标

χ^2/df=1.375<2，RMR=0.011<0.05，GFI=0.989>0.9，AGFI=0.975>0.9，RMSEA=0.032<0.08，均符合评价标准；增值适配度指标 NFI=0.989，RFI=0.981，IFI=0.997，TLI=0.995，CFI=0.997，均大于适配标准值或临界值 0.9。综合各类指标，高层管理团队参与式领导单因素模型具有良好的建构效度，模型可以接受。

从表 4-5 还可以看出各标准化系数都在 0.7 及以上，表现出很高的显著水平，说明有较好的收敛效度。此外，多元平方系数各指标基本在 0.5 及以上，这表明各潜变量的测量表现出了良好的内部一致性，高层管理团队参与式领导因子结构具有良好的建构信度。最终，研究得出了高层管理团队参与式领导结构模型的拟合路径图，各模型标准化参数的拟合结果如图 4-2 所示。

表 4-5　高层管理团队参与式领导的因子结构的参数估计表（N=372）

路径	标准化系数（E）	标准化误差（S.E.）	临界比（C.R.）	显著性概率（P）	多元平方系数（R^2）
TMTPL1 <-- 高层管理团队参与式领导	0.717	0.073	13.198	***	0.513
TMTPL2 <-- 高层管理团队参与式领导	0.757	0.076	13.953	***	0.574
TMTPL3 <-- 高层管理团队参与式领导	0.710	0.076	13.082	***	0.504
TMTPL4 <-- 高层管理团队参与式领导	0.886	0.074	16.119	***	0.785
TMTPL5 <-- 高层管理团队参与式领导	0.702	0.062	12.937	***	0.493
TMTPL6 <-- 高层管理团队参与式领导	0.723				0.522

*** 表示在 $P<0.001$ 水平显著；** 表示在 $P<0.01$ 水平显著；* 表示在 $P<0.05$ 水平显著

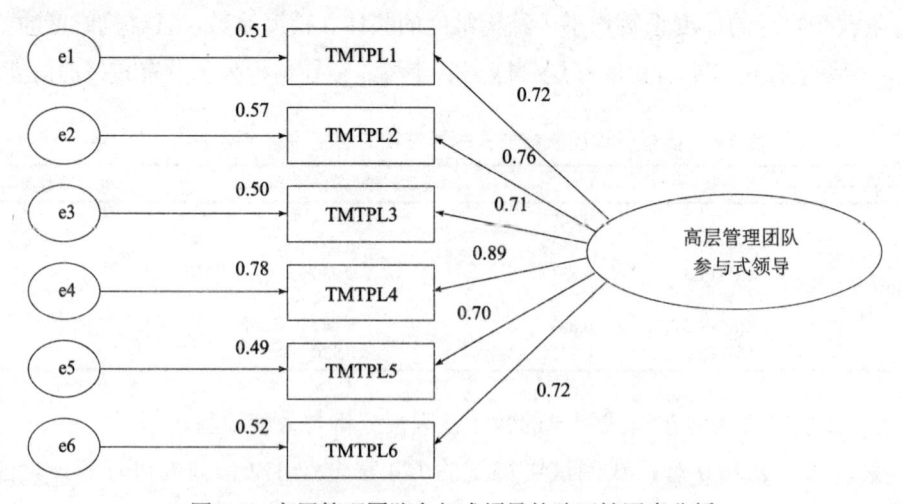

图 4-2　高层管理团队参与式领导的验证性因素分析

第4章 高层管理团队参与式领导对中层管理者战略建言行为的影响机制

2. 心理授权的探索性和验证性因素分析

1）心理授权的探索性因素分析与信度检验。

采用 SPSS17.0 对预试样本的 248 份问卷数据进行心理授权的探索性因素分析。先对样本数据进行 KMO（Kaiser-Meyer-Olkin）取样充分性测量和 Bartlett 球度检验，其检验结果如表 4-6 所示。KMO 统计量为 0.777，依据凯泽的观点，KMO 在 0.7 以上适合做因素分析[1]，而且 Bartlett 球体检验的统计值的显著性概率是 0.000，小于 0.001，进一步说明了样本数据适合做因子分析。

表 4-6　KMO 与 Bartlett's 检验（N=248）

凯瑟-梅尔-奥尔金的取样充分性测量	0.777
巴特利特球度检验	1778.893
df	66
Sig	0.000

采用主成分分析法抽取特征值大于 1 的共同因子，最终析出特征值大于 1 的公共因子 4 个：因子 1 是工作意义（3 个测量条目），特征根是 4.397；因子 2 是胜任力（3 个测量条目），特征根是 2.356；因子 3 是工作自主权（3 个测量条目），特征根是 1.839；因子 4 是工作影响力（3 个测量条目），特征根是 1.087。4 个因子累积解释变异量达到 80.653%（＞60%），其中工作意义因子负荷为 0.880～0.901（＞0.7），胜任力因子负荷为 0.898～0.908（＞0.7），工作自主权因子负荷为 0.777～0.851（＞0.7），工作影响力因子负荷为 0.821～0.913（＞0.7），这表明各题项均具有较好的结构效度，探索性因素分析结果如表 4-7 所示。

表 4-7　心理授权的探索性因素分析（N=248）

测量项目	因素 1	因素 2	因素 3	因素 4
因素 1：工作意义 α 系数 =0.895				
PE11 我所做的工作对我来说非常有意义	0.880	-0.133	0.171	0.035
PE12 工作上所做的事对我个人来说非常有意义	0.887	-0.057	0.204	0.009
PE13 我的工作对我来说非常重要	0.901	0.010	0.141	0.095
因素 2：胜任力 α 系数 =0.899				
PE21 我掌握了完成工作所需要的各项技能	0.040	0.908	0.110	0.053
PE22 我自信自己有干好工作上的各项事情的能力	0.51	0.882	0.202	0.116

---

[1] KAISER H F. An index of factorial simplicity[J]. Psychometrika, 1974, (39): 31-36.

续表

测量项目	因素 1	因素 2	因素 3	因素 4
PE23 我对自己完成工作的能力非常有信心	0.083	0.898	0.128	0.013
因素 3：工作自主权 α 系数 =0.830				
PE31 我自己可以决定如何来着手来做我的工作	0.039	0.142	0.278	0.851
PE32 在如何完成工作上，我有很大的独立性和自主权	0.083	0.166	0.199	0.837
PE33 在决定如何完成我的工作上，我有很大的自主权	0.057	0.223	0.093	0.777
因素 4：工作影响力 α 系数 =0.874				
PE41 我对发生在本部门的事情的影响很大	0.127	0.069	0.913	0.163
PE42 我对发生在本部门的事情起着很大的控制作用	0.181	0.063	0.821	0.127
PE43 我对发生在本部门的事情有重大的影响	0.146	0.006	0.841	0.276
各因素解释变异的百分比	20.939	41.695	61.780	80.653
特征根值	4.397	2.356	1.839	1.087

对探索性因子分析得出的心理授权进行信度检验，如表 4-8 所示。结果表明各结构维度的显变量的纠正条款总相关系数值 (CITC) 均在 0.5 以上，条款删除后的信度系数均小于结构维度的整体 α 信度系数，且各结构维度的整体 α 信度系数均在 0.7 以上，说明心理授权结构因子具有较好的信度。

表 4-8 心理授权的信度检验（N=248）

因子结构	条款	CITC	条款删除后的 α 信度系数	α 信度系数
工作意义	PE11	0.785	0.859	
	PE12	0.802	0.846	0.895
	PE13	0.799	0.848	
胜任力	PE21	0.807	0.850	
	PE22	0.800	0.857	0.899
	PE23	0.795	0.861	
工作自主权	PE31	0.756	0.703	
	PE32	0.713	0.741	0.830
	PE33	0.606	0.828	
工作影响力	PE41	0.845	0.740	
	PE42	0.684	0.868	0.874
	PE43	0.768	0.812	

2）心理授权的验证性因素分析与效度检验。

采用 AMOS20.0 对正式测试中得到的 124 家企业 372 份问卷进行验证性因

素分析（CFA）。根据识别后的模型拟合输出的数据进行分析，绝对适配度指标 $\chi^2/\mathrm{d}f$=1.854<2，RMR=0.020<0.05，GFI=0.959>0.9，AGFI=0.936>0.9，RMSEA=0.048<0.08，均符合评价标准；增值适配度指标 NFI=0.953，RFI=0.938，IFI=0.978，TLI=0.971，CFI=0.978，均大于适配标准值或临界值0.9。综合各类指标，心理授权四因素模型具有良好的建构效度，模型可以接受。

从表4-9还可以看出各标准化系数都在0.7及以上，表现出很高的显著水平，说明有较好的收敛效度。此外，多元平方系数各指标基本在0.5及以上，这表明各潜变量的测量表现出了良好的内部一致性，高层管理团队参与式领导因子结构具有良好的建构信度。最终，研究得出了高层管理团队参与式领导结构模型的拟合路径图，各模型标准化参数的拟合结果如图4-3所示。

表 4-9 心理授权因子结构的参数估计表（N=372）

路径	标准化系数（E）	标准化误差（S.E.）	临界比（C.R.）	显著性概率（P）	多元平方系数（R^2）
工作意义 <-- 心理授权	0.822	0.120	9.941	***	0.676
胜任力 <-- 心理授权	0.771	0.110	8.743	***	0.594
工作自主权 <-- 心理授权	0.866	0.116	9.509	***	0.794
工作影响力 <-- 心理授权	0.728				0.530
PE11 <-- 心理授权	0.870	0.057	19.232		0.756
PE12 <-- 心理授权	0.744	0.061	15.972	***	0.553
PE13 <-- 心理授权	0.854				0.729
PE21 <-- 心理授权	0.673	0.082	10.954	***	0.453
PE22 <-- 心理授权	0.743	0.086	11.702	***	0.552
PE23 <-- 心理授权	0.727				0.529
PE31 <-- 心理授权	0.586	0.086	9.956		0.343
PE32 <-- 心理授权	0.693	0.080	11.526	***	0.480
PE33 <-- 心理授权	0.761				0.579
PE41 <-- 心理授权	0.805	0.063	14.867	***	0.647
PE42 <-- 心理授权	0.755	0.063	14.133	***	0.570
PE43 <-- 心理授权	0.796				0.633

*** 表示在 $P<0.001$ 水平显著；** 表示在 $P<0.01$ 水平显著；* 表示在 $P<0.05$ 水平显著

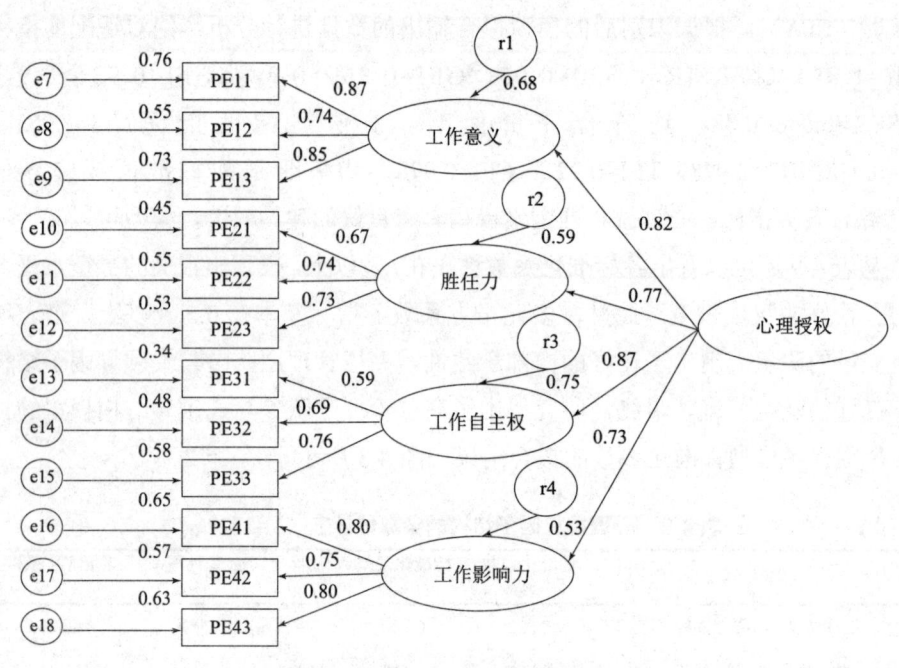

图 4-3　心理授权的验证性因素分析

将心理授权二阶四因素模型（假设模型）与其他备择模型进行比较，以确定四维模型是否为最优。本书中备择模型主要包括：

M1：虚无模型，即所有题项都不属于该变量；

M2：单因素模型，即所有题项为一个维度；

M3：双因素模型，将四个因素两两合并构成六个双因素模型；

M4：三因素模型，将四个因素两两合并构成三个双因素模型。

表 4-10　心理授权验证性因素模型拟合指数对比

测量模型	χ^2/df	RMR	GFI	AGFI	RMSEA	NFI	RFI	TLI	IFI	CFI	PGFI	PNFI	PCFI
虚无模型	30.072												
单因素模型	9.030	0.480	797	707	147	754	700	724	775	774	552	617	633
双因素模型 1	5.704	0.400	864	799	113	848	810	838	871	870	587	681	699
双因素模型 2	8.284	0.450	810	720	140	779	725	749	800	799	550	625	641
双因素模型 3	7.333	0.420	829	749	131	804	756	782	826	825	563	646	663
双因素模型 4	6.146	0.410	853	783	118	836	796	823	859	858	579	671	689
三因素模型 1	4.827	0.380	885	824	102	876	839	868	899	898	578	677	694
三因素模型 2	3.377	0.300	922	881	080	913	888	918	937	937	603	706	724

续表

测量模型	χ^2/df	RMR	GFI	AGFI	RMSEA	NFI	RFI	TLI	IFI	CFI	PGFI	PNFI	PCFI
三因素模型3	6.529	0.39	847	765	122	832	783	810	854	853	554	643	659
三因素模型4	3.530	0.30	915	870	083	909	883	913	933	933	598	703	721
三因素模型5	4.480	0.35	891	833	097	885	851	880	908	907	583	684	701
三因素模型6	4.617	0.37	884	822	099	881	846	876	905	904	578	681	698
假设模型	1.854	0.20	959	936	048	953	938	971	978	978	615	722	741

注：双因素模型1（工作意义+胜任力+工作自主权）；双因素模型2（工作意义+胜任力+工作影响力）；双因素模型3（工作意义+工作自主权+工作影响力）；双因素模型4（胜任力+工作自主权+工作影响力）；三因素模型1（工作意义+胜任力）；三因素模型2（工作意义+工作自主权）；三因素模型3（工作意义+工作影响力）三因素模型4（胜任力+工作自主权）；三因素模型5（胜任力+工作影响力）；三因素模型6（工作自主权+工作影响力）

表4-10对上述十二个模型的拟合指标进行了对比，二阶四因素模型（假设模型）相对于虚无模型、单因素模型、双因素模型、三因素模型在拟合优度上，$\chi 2/df$的值更小，拟合指标RMR、GFI、AGFI、RMSEA、NFI、RFI、TLI、IFI、CFI、PGFI、PNFI、PCFI更优，也就是说在上述十二个模型中，二阶四因素模型（假设模型）是最优的。

3. 组织建言氛围的探索性和验证性因素分析

1）组织建言氛围的探索性因素分析与信度检验。

采用SPSS17.0对预试样本的248份问卷数据对组织建言氛围进行探索性因素分析。先对样本数据进行KMO取样充分性测量和Bartlett球度检验，其检验结果如表4-11所示。KMO统计量为0.866，依据凯泽（1974）的观点，KMO在0.7以上适合做因素分析[1]，而且Bartlett球体检验的统计值的显著性概率是0.000，小于0.001，进一步说明了样本数据适合做因子分析。

表4-11 KMO与Bartlett's检验（N=248）

凯瑟-梅尔-奥尔金的取样充分性测量	0.866
巴特利特球度检验	1252.726
df	15
Sig	0.000

采用主成分分析法抽取特征值大于1的共同因子，最终析出特征值大于1的公

---

[1] KAISER H F. An index of factorial simplicity[J].Psychometrika, 1974 (39) 31-36.

共因子 1 个，因子解释变异量达到 67.457%（＞60%），因子负荷为 0.747～0.881（＞0.7），这表明各题项均具有较好的结构效度，探索性因素分析结果如表 4-12 所示。

表 4-12 组织建言氛围的探索性因素分析（N=248）

测量项目	因素负荷
OVC 组织鼓励成员对影响组织生存与发展的问题提出建议	0.881
OVC 组织鼓励成员参与到影响组织的事务之中	0.747
OVC3 组织鼓励成员即使持不同甚至反对的意见，也把自己关于工作的不同看法和同事交流	0.874
OVC4 组织鼓励成员说出对组织可能有帮助的观点	0.812
OVC5 组织鼓励成员积极参与到影响组织工作质量的议题中	0.819
OVC6 组织鼓励成员就工作程序中的新方案或新变化提出自己的建议想法	0.789
各因素解释变异的百分比	67.457
特征根值	4.047

对探索性因子分析得出的组织建言氛围进行信度检验，如表 4-13 所示。结果表明各结构维度的显变量的纠正条款总相关系数值 (CITC) 均在 0.5 以上，条款删除后的信度系数均小于结构维度的整体 $α$ 信度系数，且结构维度的整体 $α$ 信度系数在 0.7 以上，说明组织建言氛围结构因子具有较好的信度。

表 4-13 组织建言氛围的信度检验（N=248）

因子结构	条款	CITC	条款删除后的 $α$ 信度系数	$α$ 信度系数
组织建言氛围	OVC1	0.809	0.874	0.903
	OVC2	0.640	0.899	
	OVC3	0.807	0.874	
	OVC4	0.718	0.888	
	OVC5	0.740	0.885	
	OVC6	0.699	0.891	

2）组织建言氛围的验证性因素分析与效度检验。

采用 AMOS20.0 对正式测试中得到的 124 家企业 372 份问卷进行验证性因素分析（CFA）。根据识别后的模型拟合输出的数据进行分析，绝对适配度指标 RMR=0.013<0.05，GFI=0.981>0.9，AGFI=0.956>0.9，RMSEA=0.062<0.08，符合评价标准，但指标 $χ^2/df$=2.419>2，进一步发现简约适配度指标 AIC 指标理论模型值 45.774 大于独立模型值 42.000，不符合 $χ^2/df$<2 及简约适配度指标 AIC 指标理论模型值小于独立模型值的要求[①]；适配增值适配度指标 NFI=0.983，RFI=0.972，IFI=0.990，TLI=0.983，CFI=0.990，均大于适配标准值或临界值 0.9。综合各类指标，模型还可以进一步修正。

[①] 吴明隆. 结构方程模型:AMOS 的操作与应用 [M]. 重庆：重庆大学出版社，2009.

第 4 章
高层管理团队参与式领导对中层管理者战略建言行为的影响机制

图 4-4 是测量模型的修正指标情况,可以发现,残差 e20 和 e24 间存在相关,如果在 e20 和 e24 间建立双向相关,模型卡方值预计将会降低 10.294。结合 OVC2 和 OVC6 的题项,都是组织鼓励成员参与到组织具体工作中的描述,所以 e20 和 e24 间建立相关是符合实际情况的。

修正指数(模型名称—内定模型)

对应相关系数路径:(模型名称—内定模型)

	修正指数	参数改变
e20 <--> e24	10.294	-0.049

对应残差变量:(模型名称—内定模型)

	修正指数	参数改变

对应因果路径:(模型名称—内定模型)

	修正指数	参数改变
OVC2 <--- OVC6	4.140	-0.074

图 4-4 测量模型的修正指标情况

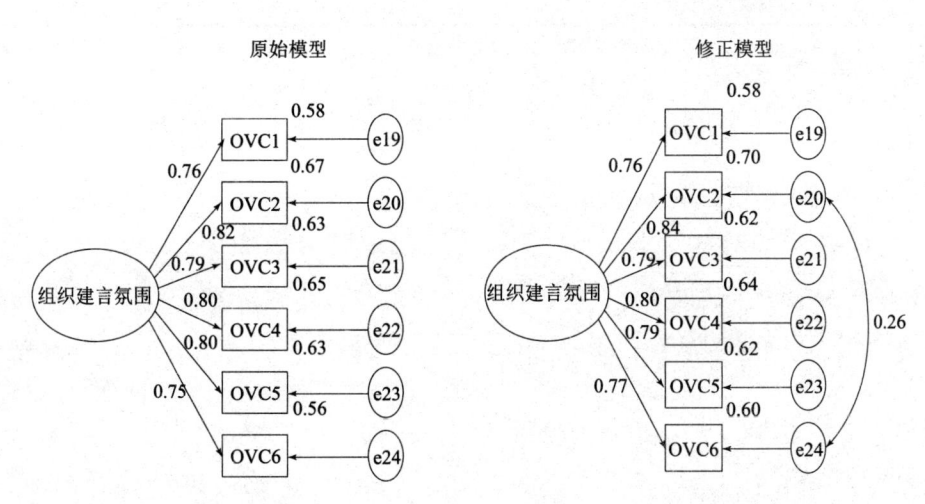

原始模型
卡方值=21.774, χ^2/df=2.419, RMR=0.013
GFI=0.981, AGFI=0.956, RMSEA=0.062
AIC:理论模型值(45.774)大于独立模型值(42.000)

修正模型
卡方值=8.072, χ^2/df=1.009, RMR=0.008zz
GFI=0.993, AGFI=0.981, RMSEA=0.005
AIC:理论模型值(34.072)大于独立模型值(42.000)

图 4-5 修正模型与原始模型比较

修正模型与原来模型结果对比（见图4-5）可以发现，通过在e20和e24间建立相关，卡方值由原来的21.774降低为8.072，χ^2/df、RMR、GFI、AGFI、RMSEA、NFI、RFI、IFI、TLI、CFI等指标更优，模型拟合质量提高。综合各类指标，组织建言氛围单因素模型具有良好的建构效度，模型可以接受。

从表4-14还可以看出各标准化系数基本都在0.7以上，表现出较高的显著水平，说明有较好的收敛效度。此外，多元平方系数各指标基本在0.5及以上，这表明各潜变量的测量表现出了良好的内部一致性，组织建言氛围因子结构具有良好的建构信度。最终，研究得出了组织建言氛围结构模型的拟合路径图，各模型标准化参数的拟合结果如图4-6所示。

表4-14 组织建言氛围因子结构的参数估计表（N=372）

路径	标准化系数（E）	标准化误差（S.E.）	临界比（C.R.）	显著性概率（P）	多元平方系数（R^2）
OVC1 <-- 组织建言氛围	0.759				0.576
OVC2 <-- 组织建言氛围	0.837	0.071	16.526	***	0.701
OVC3 <-- 组织建言氛围	0.788	0.062	15.705	***	0.621
OVC4 <-- 组织建言氛围	0.800	0.066	15.974	***	0.640
OVC5 <-- 组织建言氛围	0.789	0.063	15.720	***	0.622
OVC6 <-- 组织建言氛围	0.773	0.065	15.025	***	0.598

*** 表示在 $P<0.001$ 水平显著；** 表示在 $P<0.01$ 水平显著；* 表示在 $P<0.05$ 水平显著

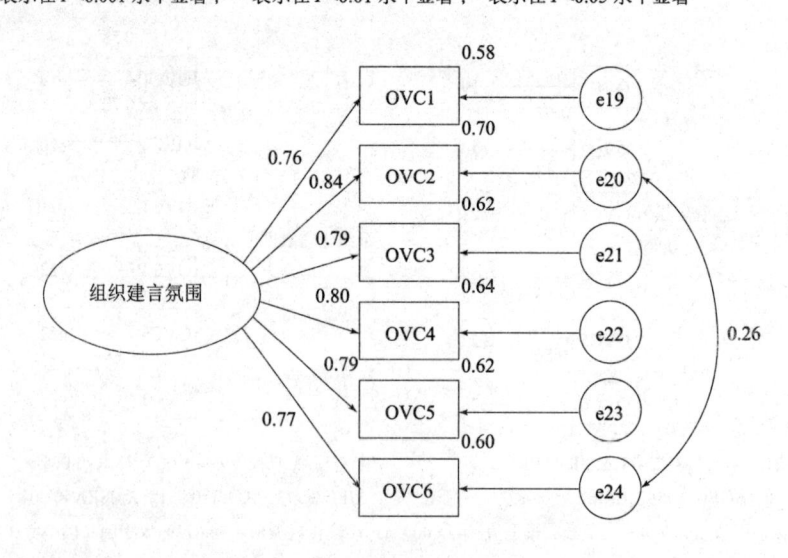

图4-6 组织建言氛围的验证性因素分析

4. 中层管理者战略建言行为的探索性和验证性因素分析

1) 中层管理者战略建言行为的探索性因素分析与信度检验。

采用 SPSS17.0 对预试样本的 248 份问卷数据进行中层管理者战略建言行为的探索性因素分析。先对样本数据进行 KMO（Kaiser-Meyer-Olkin）取样充分性测量和 Bartlett 球度检验，其检验结果如表 4-15 所示。KMO 统计量为 0.837，依据凯泽（1974）的观点，KMO 在 0.7 以上适合做因素分析[①]，而且 Bartlett 球体检验的统计值的显著性概率是 0.000，小于 0.001，进一步说明了样本数据适合做因子分析。

表 4-15　KMO 与 Bartlett's 检验（N=248）

凯瑟-梅尔-奥尔金的取样充分性测量	0.837
巴特利特球度检验	546.414
df	6
Sig	0.000

采用主成分分析法抽取特征值大于 1 的共同因子，最终析出特征值大于 1 的公共因子 1 个，因子解释变异量达到 75.143%（＞60%），因子负荷为 0.860～0.873（＞0.7），这表明各题项均具有较好的结构效度，探索性因素分析结果如表 4-16 所示。

表 4-16　中层管理者战略建言行为的探索性因素分析（N=248）

测量项目	因素负荷
MMSVB 我曾向高层管理者就企业战略决策议题表达过自己的想法或意见	0.863
MMSVB2 我曾就企业战略执行议题与高层管理者进行了反馈、沟通与协调	0.860
MMSVB 我曾向高层管理者就企业战略业绩量表达过自己的想法或意见	0.871
MMSVB 我曾向高层管理者就企业战略调整表达过自己的想法或意见	0.873
各因素解释变异的百分比	75.143
特征根值	3.006

对探索性因子分析得出的中层管理者战略建言行为进行信度检验，如表 4-17 所示。结果表明各结构维度的显变量的纠正条款总相关系数值（CITC）均在 0.5 以上，条款删除后的信度系数均小于结构维度的整体 a 信度系数，且结构维度的整体 a 信度系数在 0.7 以上，说明中层管理者战略建言行为结构因子具有较好的信度。

[①] KAISER H F. An index of factorial simplicity[J]. Psychomctrika, 1974 (39) 31-36.

表 4-17　中层管理者战略建言行为的信度检验（N=248）

因子结构	条款	CITC	条款删除后的 α 信度系数	α 信度系数
中层管理者战略建言行为	MMSVB1	0.750	0.860	0.889
	MMSVB2	0.749	0.860	
	MMSVB3	0.763	0.854	
	MMSVB4	0.767	0.853	

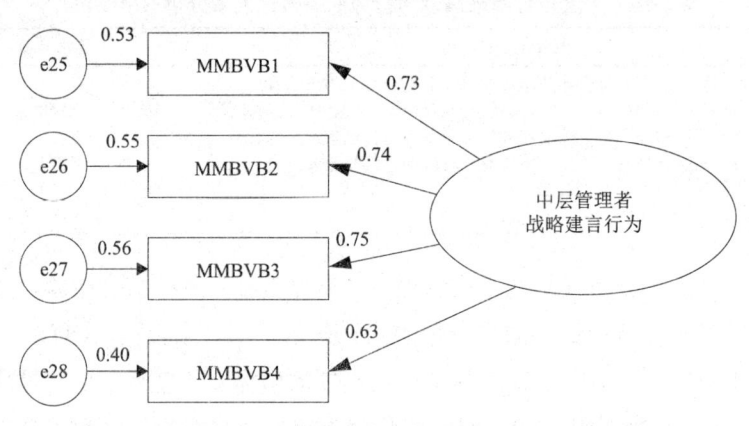

2）中层管理者战略建言行为的验证性因素分析与效度检验。

采用 AMOS20.0 对正式测试中得到的 124 家企业 372 份问卷进行验证性因素分析（CFA）。根据识别后的模型拟合输出的数据进行分析，绝对适配度指标 χ^2/df=1.176<2，RMR=0.006<0.05，GFI=0.997>0.9，AGFI=0.984>0.9，RMSEA=0.022<0.08，均符合评价标准；增值适配度指标 NFI=0.995，RFI=0.984，IFI=0.999，TLI=0.998，CFI=0.999，均大于适配标准值或临界值 0.9。综合各类指标，中层管理者战略建言行为因素模型具有良好的建构效度，模型可以接受。

从表 4-18 还可以看出各标准化系数基本都在 0.7 及以上，表现出较高的显著水平，说明有较好的收敛效度。此外，多元平方系数各指标基本在 0.5 及以上，这表明各潜变量的测量表现出了良好的内部一致性，中层管理者战略建言行为因子结构具有良好的建构信度。最终，研究得出了中层管理者战略建言行为结构模型的拟合路径图，各模型标准化参数的拟合结果如图 4-7 所示。

图 4-7　中层管理者战略建言行为的验证性因素分析

第 4 章
高层管理团队参与式领导对中层管理者战略建言行为的影响机制

表 4-18 中层管理者战略建言行为因子结构的参数估计表（$N=372$）

路径	标准化系数 (E)	标准化误差 (S.E.)	临界比 (C.R.)	显著性概率 (P)	多元平方系数 (R^2)
MMSVB1<-- 中层管理者战略建言行为	0.726	0.118	10.522	***	0.527
MMSVB2<-- 中层管理者战略建言行为	0.741	0.120	10.638	***	0.549
MMSVB3<-- 中层管理者战略建言行为	0.747	0.122	10.522	***	0.558
MMSVB4<-- 中层管理者战略建言行为	0.632				0.339

5. 高层管理团队参与式领导对心理授权的影响

前面论述中，我们明确了高层管理团队参与式领导单因素模型，也验证了心理授权包含工作意义、胜任力、工作自主权和工作影响力四个维度，并且在理论上阐释了高层管理团队参与式领导与心理授权存在直接关联。采用 AMOS20.0 对正式测试中得到的 124 家企业样本来验证高层管理团队参与式领导与心理授权之间的关系。高层管理团队参与式领导与心理授权关系模型如图 4-8 所示。

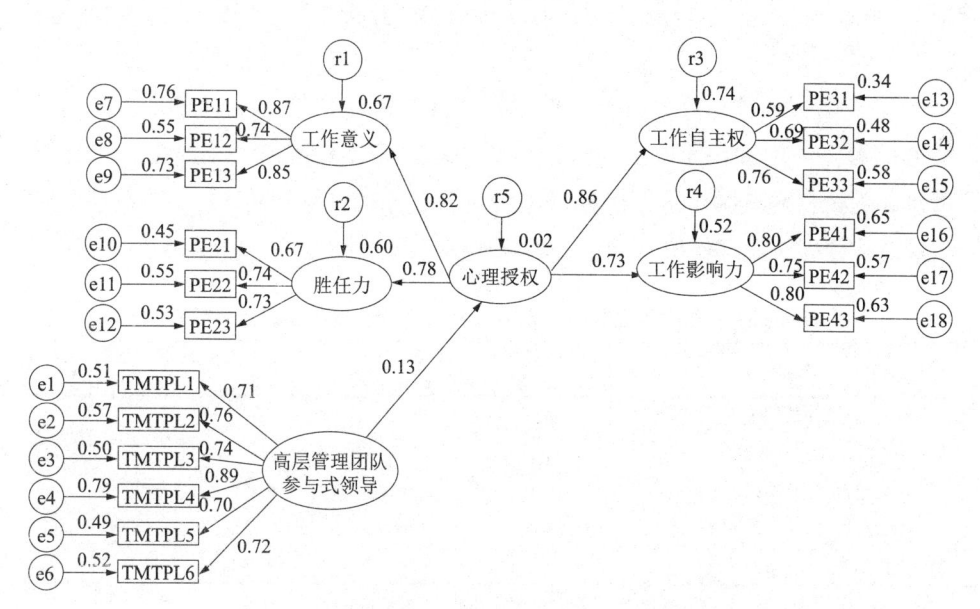

图 4-8 高层管理团队参与式领导与心理授权关系模型

根据识别后的模型拟合输出的数据进行分析判断（见表 4-19），高层管理团队参与式领导与心理授权关系模型拟合程度较好，所以，高层管理团队参与式领导与心理授权的关系模型成立。

表 4-19 高层管理团队参与式领导与心理授权关系模型适配度检验摘要表

整体适配评鉴指标	统计检验量	适配的标准或临界值	检验结果数据	模型适配判断
绝对适配度指标	χ^2/df（卡方自由度比）	< 2.00	1.628	是
	RMR（均方根残差）	< 0.05	0.030	是
	GFI（拟合优度指标）	> 0.90	0.940	是
	AGFI（调整拟合优度指标）	> 0.90 优良 > 0.80 可以接受	0.921	是
	RMSEA（近似误差均方根）	< 0.08	0.041	是
增值适配度指标	NFI（标准拟合指标）	> 0.90	0.934	是
	RFI（相对拟合指标）	> 0.90	0.922	是
	TLI（非标准拟合指标）	> 0.90	0.968	是
	IFI（差别拟合指标）	> 0.90	0.973	是
	CFI（比较拟合指标）	> 0.90	0.973	是
简约适配度指标	PGFI（简约拟合优度指标）	> 0.50	0.715	是
	PNFI（简约标准拟合指标）	> 0.50	0.793	是
	PCFI（简约比较拟合指标）	> 0.50	0.827	是
	AIC	理论模型值小于独立模型值 且同时小于饱和模型值	293.664 < 342.000 293.664 < 3225.366	是
	CAIC	理论模型值小于独立模型值 且同时小于饱和模型值	495.339 < 1183.131 495.339 < 3313.906	是

注：评价标准资料来源：麦卡勒姆（MacCallum）和洪（Hong）(1997)[1]、侯杰泰等（2004）[2]、黄芳铭（2005）[3]、吴明隆（2009）[4]

高层管理团队参与式领导对心理授权的标准路径系数如表 4-20 所示。从表 4-20 可以看出高层管理团队参与式领导对心理授权的标准路径系数在 0.05 水平显著，心理授权对其四个因子的标准路径系数在 0.001 水平显著。说明高层管理团队参与式领导对心理授权有显著的影响作用。

表 4-20 高层管理团队参与式领导对心理授权的标准路径系数

路径	路径系数（E）	标准化误差（S.E.）	临界比（C.R.）	显著性概率（P）
心理授权 <-- 高层管理团队参与式领导	0.128*	0.054	2.093	0.036
工作意义 <-- 心理授权	0.821			
胜任力 <-- 心理授权	0.777	0.085	9.624	***
工作自主权 <-- 心理授权	0.862	0.090	8.698	***
工作影响力 <-- 心理授权	0.727	0.080	9.990	***

*** 表示在 $P<0.001$ 水平显著；** 表示在 $P<0.01$ 水平显著；* 表示在 $P<0.05$ 水平显著

---

[1] MACCALLUM R C, HONG S. Power analysis in covariance structure modeling using GFI and AGFI[J]. Multivariate behavioral research, 1997 (32):193-210.
[2] 侯杰泰，温忠麟，成子娟. 结构方程模型及其应用 [M]. 北京：经济科学出版社，2004.
[3] 黄芳铭. 结构方程模式：理论与应用 [M]. 北京：中国税务出版社，2005.
[4] 吴明隆. 结构方程模型：AMOS 的操作与应用 [M]. 重庆：重庆大学出版社，2009.

6. 高层管理团队参与式领导对组织建言氛围的影响

前面论述中,我们明确了高层管理团队参与式领导、组织建言氛围为单因素模型,并且在理论上阐释了高层管理团队参与式领导与组织建言氛围存在直接关联。采用 AMOS20.0 对正式测试中得到的 124 家企业样本来验证高层管理团队参与式领导与组织建言氛围之间的关系。高层管理团队参与式领导与组织建言氛围关系模型如图 4-9 所示。

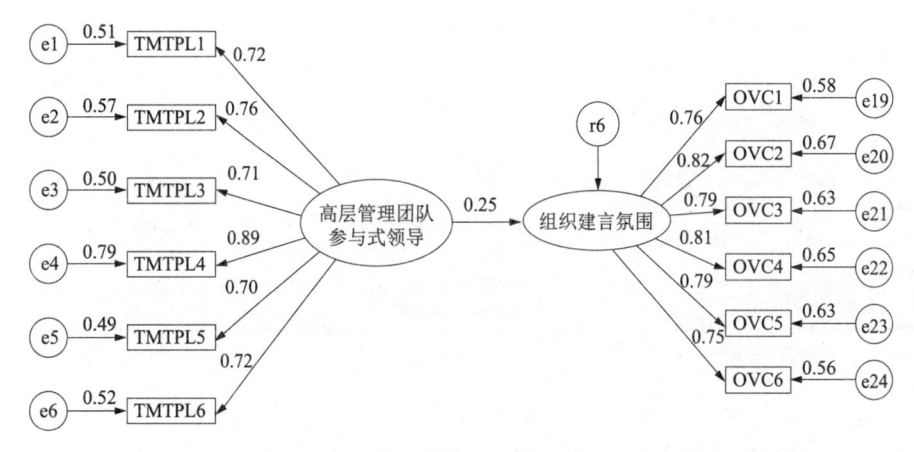

图 4-9　高层管理团队参与式领导与组织建言氛围关系模型

根据识别后的模型拟合输出的数据进行分析判断(见表 4-21),高层管理团队参与式领导与组织建言氛围关系模型拟合程度较好,所以,高层管理团队参与式领导与组织建言氛围关系模型成立。

表 4-21　高层管理团队参与式领导与组织建言氛围关系模型适配度检验摘要表

整体适配评鉴指标	统计检验量	适配的标准或临界值	检验结果数据	模型适配判断
绝对适配度指标	χ^2/df(卡方自由度比)	< 2.00	1.285	是
	RMR(均方根残差)	< 0.05	0.20	是
	GFI(拟合优度指标)	> 0.90	0.971	是
	AGFI(调整拟合优度指标)	> 0.90 优良 > 0.80 可以接受	0.957	是
	RMSEA(近似误差均方根)	< 0.08	0.028	是

续表

整体适配评鉴指标	统计检验量	适配的标准或临界值	检验结果数据	模型适配判断
增值适配度指标	NFI（标准拟合指标）	> 0.90	0.972	是
	RFI（相对拟合指标）	> 0.90	0.965	是
	TLI（非标准拟合指标）	> 0.90	0.992	是
	IFI（差别拟合指标）	> 0.90	0.994	是
	CFI（比较拟合指标）	> 0.90	0.994	是
简约适配度指标	PGFI（简约拟合优度指标）	> 0.50	0.660	是
	PNFI（简约标准拟合指标）	> 0.50	0.781	是
	PCFI（简约比较拟合指标）	> 0.50	0.798	是
	AIC	理论模型值小于独立模型值且同时小于饱和模型值	118.120 < 156.000 118.120 < 2468.518	是
	CAIC	理论模型值小于独立模型值且同时小于饱和模型值	241.092 < 539.674 241.092 < 2527.545	是

注：评价标准资料来源：麦卡勒姆和洪（1997）[1]、侯杰泰等（2004）[2]、黄芳铭（2005）[3]、吴明隆（2009）[4]。

高层管理团队参与式领导对组织建言氛围的标准路径系数如表 4-22 所示。从表 4-22 可以看出，高层管理团队参与式领导对组织建言氛围的标准路径系数在 0.05 水平显著，说明高层管理团队参与式领导对组织建言氛围有显著的影响作用。

表 4-22 高层管理团队参与式领导对组织建言氛围的标准路径系数

路径	路径系数（E）	标准化误差（S.E.）	临界比（C.R.）	显著性概率（P）
组织建言氛围 <-- 高层管理团队参与式领导	0.248	0.060	4.250	***

*** 表示在 $P<0.001$ 水平显著；** 表示在 $P<0.01$ 水平显著；* 表示在 $P<0.05$ 水平显著

7. 心理授权对中层管理者战略建言行为的影响

前面论述中，我们明确了中层管理者战略建言行为的单因素模型，也验证了

---

[1] MACCALLUM RC, HONG S. Power analysis in covariance structure modeling using GFI and AGFI[J]. Multivariate behavioral research, 1997, 32: 193-210.
[2] 侯杰泰, 温忠麟, 成子娟. 结构方程模型及其应用. 北京：经济科学出版社, 2004.
[3] 黄芳铭. 结构方程模式：理论与应用[M]. 北京：中国税务出版社, 2005.
[4] 吴明隆. 结构方程模型：AMOS 的操作与应用[M]. 重庆：重庆大学出版社, 2009.

第 4 章
高层管理团队参与式领导对中层管理者战略建言行为的影响机制

心理授权包含工作意义、胜任力、工作自主权和工作影响力四个维度，并且在理论上阐释了心理授权与中层管理者战略建言行为存在直接关联。采用 AMOS20.0 对正式测试中得到的 124 家企业样本来验证心理授权与中层管理者战略建言行为之间的关系。心理授权与中层管理者战略建言行为关系模型如图 4-10 所示。

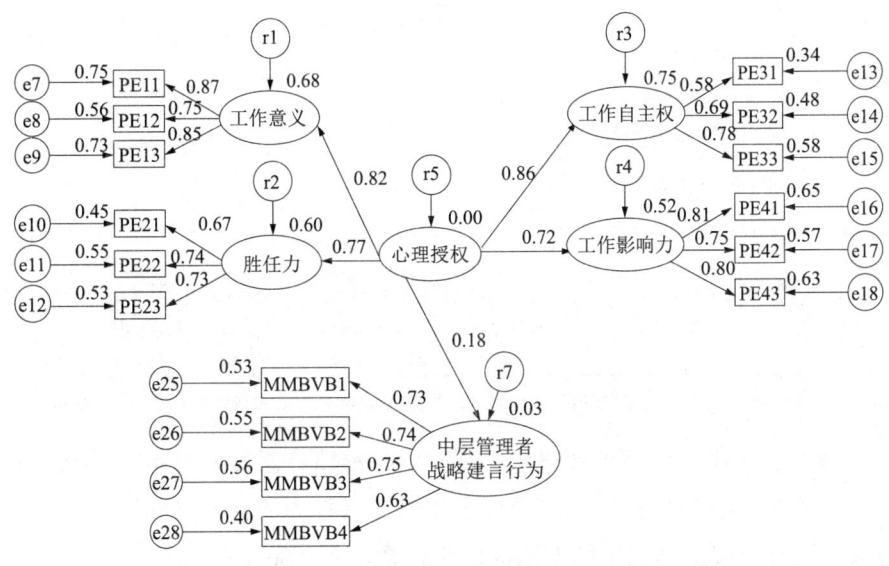

图 4-10 心理授权与中层管理者战略建言行为的关系模型

根据识别后的模型拟合输出的数据进行分析判断（见表 4-23），心理授权与中层管理者战略建言行为的关系模型拟合程度较好，所以，心理授权与中层管理者战略建言行为的关系模型成立。

表 4-23 心理授权与中层管理者战略建言行为的关系模型适配度检验摘要表

整体适配评鉴指标	统计检验量	适配的标准或临界值	检验结果数据	模型适配判断
绝对适配度指标	χ^2/df（卡方自由度比）	< 2.00	1.523	是
	RMR（均方根残差）	< 0.05	0.024	是
	GFI（拟合优度指标）	> 0.90	0.951	是
	AGFI（调整拟合优度指标）	> 0.90 优良 > 0.80 可以接受	0.933	是
	RMSEA（近似误差均方根）	< 0.08	0.038	是

续表

整体适配评鉴指标	统计检验量	适配的标准或临界值	检验结果数据	模型适配判断
增值适配度指标	NFI（标准拟合指标）	>0.90	0.940	是
	RFI（相对拟合指标）	>0.90	0.927	是
	TLI（非标准拟合指标）	>0.90	0.974	是
	IFI（差别拟合指标）	>0.90	0.978	是
	CFI（比较拟合指标）	>0.90	0.978	是
简约适配度指标	PGFI（简约拟合优度指标）	>0.50	0.693	是
	PNFI（简约标准拟合指标）	>0.50	0.755	是
	PCFI（简约比较拟合指标）	>0.50	0.807	是
	AIC	理论模型值小于独立模型值且同时小于饱和模型值	224.808＜272.000 224.808＜2532.349	是
	CAIC	理论模型值小于独立模型值且同时小于饱和模型值	406.807＜940.970 406.807＜2611.051	是

注：评价标准资料来源：麦卡勒姆和洪（1997）[1]、侯杰泰等（2004）[2]、黄芳铭（2005）[3]、吴明隆（2009）[4]

心理授权对中层管理者战略建言行为的标准路径系数如表 4-24 所示。从表 4-24 可以看出，心理授权对中层管理者战略建言行为的标准路径系数在 0.01 水平显著，心理授权对其四个因子的标准路径系数在 0.001 水平显著。说明心理授权对中层管理者战略建言行为有显著的影响作用。

表 4-24 心理授权对中层管理者战略建言行为的标准路径系数

路径	路径系数（E）	标准化误差（S.E.）	临界比（C.R.）	显著性概率（P）
中层管理者战略建言行为 <-- 心理授权	0.182*	0.051	2.780	0.005
工作意义 <-- 心理授权	0.825			
胜任力 <-- 心理授权	0.774	0.084	9.650	***
工作自主权 <-- 心理授权	0.864	0.089	8.733	***
工作影响力 <-- 心理授权	0.723	0.079	9.982	***

*** 表示在 $P<0.001$ 水平显著；** 表示在 $P<0.01$ 水平显著；* 表示在 $P<0.05$ 水平显著

---

[1] MACCALLUM RC, HONG S. Power analysis in covariance structure modeling using GFI and AGFI[J]. Multivariate behavioral research, 1997, 32:193-210.

[2] 侯杰泰, 温忠麟, 成子娟. 结构方程模型及其应用[M]. 北京：经济科学出版社, 2004.

[3] 黄芳铭. 结构方程模式：理论与应用[M]. 北京：中国税务出版社, 2005.

[4] 吴明隆. 结构方程模型：AMOS 的操作与应用[M]. 重庆：重庆大学出版社, 2009.

8. 组织建言氛围对中层管理者战略建言行为的影响

前面论述中，我们明确了组织建言氛围、中层管理者战略建言行为是单因素模型，并且在理论上阐释了组织建言氛围与中层管理者战略建言行为存在直接关联。采用 AMOS20.0 对正式测试中得到的 124 家企业样本来验证组织建言氛围与中层管理者战略建言行为之间的关系。组织建言氛围与中层管理者战略建言行为关系模型如图 4-11 所示。

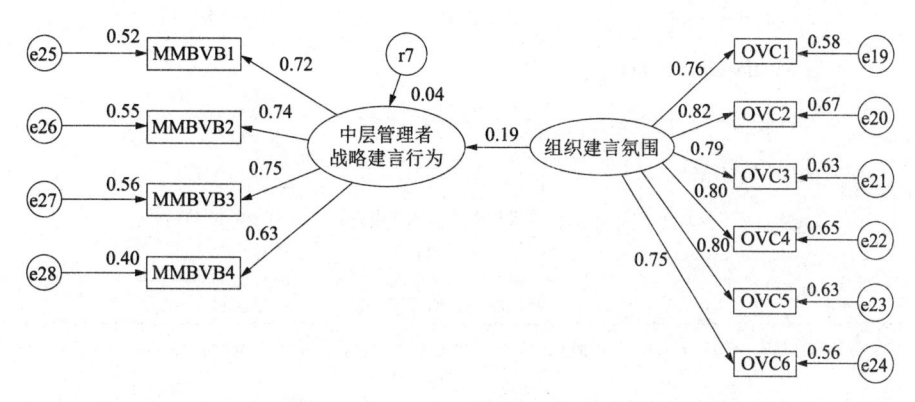

图 4-11 组织建言氛围与中层管理者战略建言行为的关系模型

根据识别后的模型拟合输出的数据进行分析判断（见表 4-25），组织建言氛围与中层管理者战略建言行为关系模型拟合程度较好，所以，组织建言氛围与中层管理者战略建言行为的关系模型成立。

表 4-25 组织建言氛围与中层管理者战略建言行为关系模型适配度检验摘要表

整体适配评鉴指标	统计检验量	适配的标准或临界值	检验结果数据	模型适配判断
绝对适配度指标	χ^2/df（卡方自由度比）	<2.00	1.582	是
	RMR（均方根残差）	<0.05	0.018	是
	GFI（拟合优度指标）	>0.90	0.972	是
	AGFI（调整拟合优度指标）	>0.90 优良 >0.80 可以接受	0.955	是
	RMSEA（近似误差均方根）	<0.08	0.040	是

续表

整体适配评鉴指标	统计检验量	适配的标准或临界值	检验结果数据	模型适配判断
增值适配度指标	NFI（标准拟合指标）	> 0.90	0.970	是
	RFI（相对拟合指标）	> 0.90	0.960	是
	TLI（非标准拟合指标）	> 0.90	0.985	是
	IFI（差别拟合指标）	> 0.90	0.989	是
	CFI（比较拟合指标）	> 0.90	0.989	是
简约适配度指标	PGFI（简约拟合优度指标）	> 0.50	0.601	是
	PNFI（简约标准拟合指标）	> 0.50	0.733	是
	PCFI（简约比较拟合指标）	> 0.50	0.747	是
	AIC	理论模型值小于独立模型值且同时小于饱和模型值	95.804 < 111.000 95.804 < 1809.038	是
	CAIC	理论模型值小于独立模型值且同时小于饱和模型值	199.101 < 380.539 199.101 < 1858.227	是

注：评价标准资料来源：麦卡勒姆和洪（1997）[1]、侯杰泰等（2004）[2]、黄芳铭（2005）[3]、吴明隆（2009）[4]。

组织建言氛围对中层管理者战略建言行为的标准路径系数如表 4-26 所示。从表 4-26 可以看出组织建言氛围与中层管理者战略建言行为的标准路径系数在 0.01 水平显著，说明组织建言氛围对中层管理者战略建言行为有显著的影响作用。

表 4-26　组织建言氛围对中层管理者战略建言行为的标准路径系数

路径	路径系数（E）	标准化误差（S.E.）	临界比（C.R.）	显著性概率（P）
中层管理者战略建言行为 <-- 组织建言氛围	0.188**	0.041	3.056	0.002

*** 表示在 $P<0.001$ 水平显著；** 表示在 $P<0.01$ 水平显著；* 表示在 $P<0.05$ 水平显著

9. 高层管理团队参与式领导对中层管理者战略建言行为的影响

前面论述中，我们明确了高层管理团队参与式领导、中层管理者战略建言行

---

[1] MACCALLUM RC, HONG S. Power analysis in covariance structure modeling using GFI and AGFI[J]. Multivariate behavioral research, 1997, 32:193-210.

[2] 侯杰泰，温忠麟，成子娟. 结构方程模型及其应用 [M]. 北京：经济科学出版社，2004.

[3] 黄芳铭. 结构方程模式：理论与应用 [M]. 北京：中国税务出版社，2005.

[4] 吴明隆. 结构方程模型：AMOS 的操作与应用 [M]. 重庆：重庆大学出版社，2009.

为是单因素模型，并且在理论上阐释了高层管理团队参与式领导与中层管理者战略建言行为存在直接关联。采用 AMOS20.0 对正式测试中得到的 124 家企业样本来验证高层管理团队参与式领导与中层管理者战略建言行为之间的关系。高层管理团队参与式领导与中层管理者战略建言行为关系模型如图 4-12 所示。

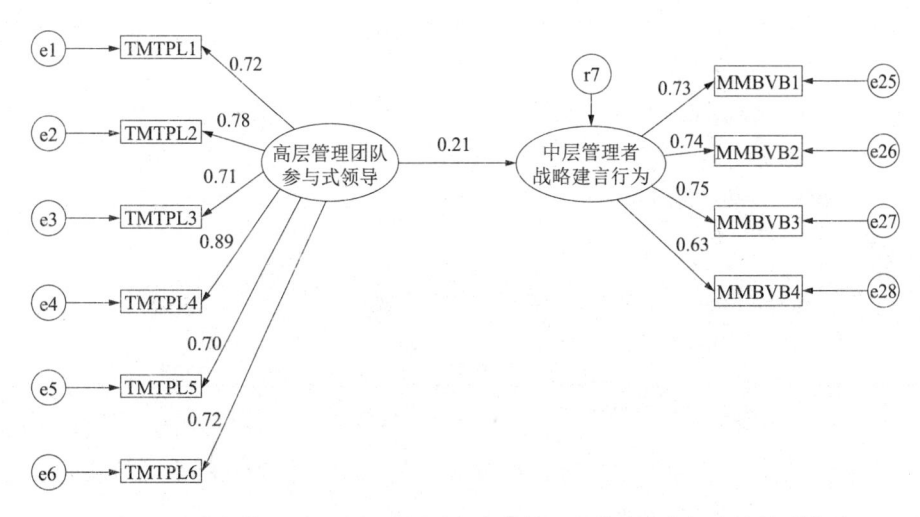

图 4-12　高层管理团队参与式领导与中层管理者战略建言行为的关系模型

根据识别后的模型拟合输出的数据进行分析判断（见表 4-27），高层管理团队参与式领导与中层管理者战略建言行为关系模型拟合程度较好，所以，高层管理团队参与式领导与中层管理者战略建言行为的关系模型成立。

表 4-27　高层管理团队参与式领导与中层管理者战略建言行为关系模型适配度检验摘要表

整体适配评鉴指标	统计检验量	适配的标准或临界值	检验结果数据	模型适配判断
绝对适配度指标	χ^2/df（卡方自由度比）	＜ 2.00	1.306	是
	RMR（均方根残差）	＜ 0.05	0.016	是
	GFI（拟合优度指标）	＞ 0.90	0.977	是
	AGFI（调整拟合优度指标）	＞ 0.90 优良 ＞ 0.80 可以接受	0.963	是
	RMSEA（近似误差均方根）	＜ 0.08	0.029	是

续表

整体适配评鉴指标	统计检验量	适配的标准或临界值	检验结果数据	模型适配判断
增值适配度指标	NFI（标准拟合指标）	＞0.90	0.972	是
	RFI（相对拟合指标）	＞0.90	0.963	是
	TLI（非标准拟合指标）	＞0.90	0.991	是
	IFI（差别拟合指标）	＞0.90	0.993	是
	CFI（比较拟合指标）	＞0.90	0.991	是
简约适配度指标	PGFI（简约拟合优度指标）	＞0.50	0.604	是
	PNFI（简约标准拟合指标）	＞0.50	0.734	是
	PCFI（简约比较拟合指标）	＞0.50	0.750	是
	AIC	理论模型值小于独立模型值且同时小于饱和模型值	86.405＜111.000 86.405＜1606.697	是
	CAIC	理论模型值小于独立模型值且同时小于饱和模型值	189.701＜380.539 189.701＜1655.886	是

注：评价标准资料来源：麦卡勒姆和洪（1997）[1]、侯杰泰等（2004）[2]、黄芳铭（2005）[3]、吴明隆（2009）[4]

高层管理团队参与式领导对中层管理者战略建言行为的标准路径系数如表4-28所示。从表4-27可以看出高层管理团队参与式领导与中层管理者战略建言行为的标准路径系数在0.01水平显著。说明高层管理团队参与式领导对中层管理者战略建言行为有显著的影响作用。

表4-28 高层管理团队参与式领导对中层管理者战略建言行为的标准路径系数

路径	路径系数（E）	标准化误差（S.E.）	临界比（C.R.）	显著性概率（P）
中层管理者战略建言行为 <-- 高层管理团队参与式领导	0.206	0.053	3.348	***

*** 表示在 $P<0.001$ 水平显著；** 表示在 $P<0.01$ 水平显著；* 表示在 $P<0.05$ 水平显著

10. 心理授权与组织建言氛围的中介效应分析

巴伦（Baron）和肯尼（Kenny）（1986）认为，判断变量是否起到中介作用

---

[1] MACCALLUM RC, HONG S. Power analysis in covariance structure modeling using GFI and AGFI[J]. Multivariate behavioral research, 1997(32):193-210.
[2] 侯杰泰，温忠麟，成子娟. 结构方程模型及其应用[M]. 北京：经济科学出版社，2004.
[3] 黄芳铭. 结构方程模式：理论与应用[M]. 北京：中国税务出版社，2005.
[4] 吴明隆. 结构方程模型：AMOS 的操作与应用[M]. 重庆：重庆大学出版社，2009.

第 4 章
高层管理团队参与式领导对中层管理者战略建言行为的影响机制

需要同时满足以下四个条件[①]：①中介变量对自变量的回归，回归系数达到显著水平；②因变量对中介变量的回归，回归系数达到显著水平；③因变量对自变量的回归，回归系数达到显著水平；④因变量同时对自变量和中介变量的回归，中介变量的回归系数达到显著水平，自变量的回归系数减少。当自变量的回归系数减少到不显著水平，说明中介变量起到完全中介的作用，自变量完全通过中介变量进而对因变量产生影响；当自变量的回归系数减少，但仍然达到显著水平，则此时的中介变量只起到部分中介作用，即自变量不仅通过中介变量间接影响因变量，而且还会对因变量产生直接的影响。本书将按照上述四个条件，采用结构方程建模技术对假设进行验证，以判断 TMT 共享心智模型对团队绩效的影响是否是通过团队过程这一变量的中介作用实现的。

在判定团队过程是否在 TMT 共享心智模型与团队绩效中起中介作用的条件①、②、③得到证实后，本部分将继续对中介作用的条件④进行分析，以确定部分中介模型和完全中介模型何者成立。

1）心理授权与组织建言氛围的完全中介作用模型分析。

对心理授权与组织建言氛围的完全中介作用模型进行拟合分析，模型适配度检验摘要结果如表 4-29 所示。

表 4-29 心理授权与组织建言氛围完全中介作用模型适配度检验摘要表

整体适配评鉴指标	统计检验量	适配的标准或临界值	检验结果数据	模型适配判断
绝对适配度指标	χ^2/df（卡方自由度比）	< 2.00	1.379	是
	RMR（均方根残差）	< 0.05	0.030	是
	GFI（拟合优度指标）	> 0.90	0.917	是
	AGFI（调整拟合优度指标）	> 0.90 优良 > 0.80 可以接受	0.901	是
	RMSEA（近似误差均方根）	< 0.08	0.032	是
增值适配度指标	NFI（标准拟合指标）	> 0.90	0.910	是
	RFI（相对拟合指标）	> 0.90	0.900	是
	TLI（非标准拟合指标）	> 0.90	0.970	是
	IFI（差别拟合指标）	> 0.90	0.974	是
	CFI（比较拟合指标）	> 0.90	0.973	是

---

① BARON R M, KENNY D A. The moderator-mediator variable distinction in social psychological research: Conceptual, strategic, and statistical considerations[J]. Journal of personality and social psychology, 1986, 51(6): 1173-1182.

续表

整体适配评鉴指标	统计检验量	适配的标准或临界值	检验结果数据	模型适配判断
简约适配度指标	PGFI（简约拟合优度指标）	>0.50	0.770	是
	PNFI（简约标准拟合指标）	>0.50	0.821	是
	PCFI（简约比较拟合指标）	>0.50	0.878	是
	AIC	理论模型值小于独立模型值且同时小于饱和模型值	600.276＜812.000 600.276＜5280.368	是
	CAIC	理论模型值小于独立模型值且同时小于饱和模型值	920.005＜2809.071 920.005＜5418.097	是

注：评价标准资料来源：麦卡勒姆和洪（1997）[①]、侯杰泰等（2004）[②]、黄芳铭（2005）[③]、吴明隆（2009）[④]

从表4-29可以看出，χ^2/df、RMR、GFI、AGFI、RMSEA、NFI、TLI、IFI、CFI、PGFI、PNFI、PCFI、AIC、CAIC等各指标均达到模型适配标准，但RFI为0.900，未达到大于0.9的临界值。上述拟合指标表明，心理授权与组织建言氛围的完全中介作用模型拟合效果不理想，因而心理授权与组织建言氛围在高层管理团队参与式领导对中层管理者战略建言行为的影响关系中可能起部分中介作用。心理授权与组织建言氛围的完全中介作用模型的拟合路径图如图4-13所示。

心理授权与组织建言氛围的完全中介作用模型标准化路径系数如表4-30所示。自变量（高层管理团队参与式领导）对中介变量（心理授权与组织建言氛围）的影响效果来看，路径系数均达到显著性水平，其中高层管理团队参与式领导对心理授权与组织建言氛围的标准化路径系数分别为0.134（在0.05水平显著）与0.251（在0.001水平显著）。中介变量（心理授权与组织建言氛围）对因变量（中层管理者战略建言行为）的影响效果来看，所有路径系数均达到显著性水平。其中心理授权对中层管理者战略建言行为的标准化路径系数分别为0.178（在0.01水平显著）；组织建言氛围对中层管理者战略建言行为的标准化路径系数分别为0.177（在0.01水平显著）。

---

① MACCALLUM RC,HONG S. Power analysis in covariance structure modeling using GFI and AGFI[J].Multivariate behavioral research,1997(32):193-210.
② 侯杰泰，温忠麟，成子娟.结构方程模型及其应用[M].北京：经济科学出版社，2004.
③ 黄芳铭.结构方程模式：理论与应用[M].北京：中国税务出版社，2005.
④ 吴明隆.结构方程模型：AMOS的操作与应用[M].重庆：重庆大学出版社，2009.

第 4 章
高层管理团队参与式领导对中层管理者战略建言行为的影响机制

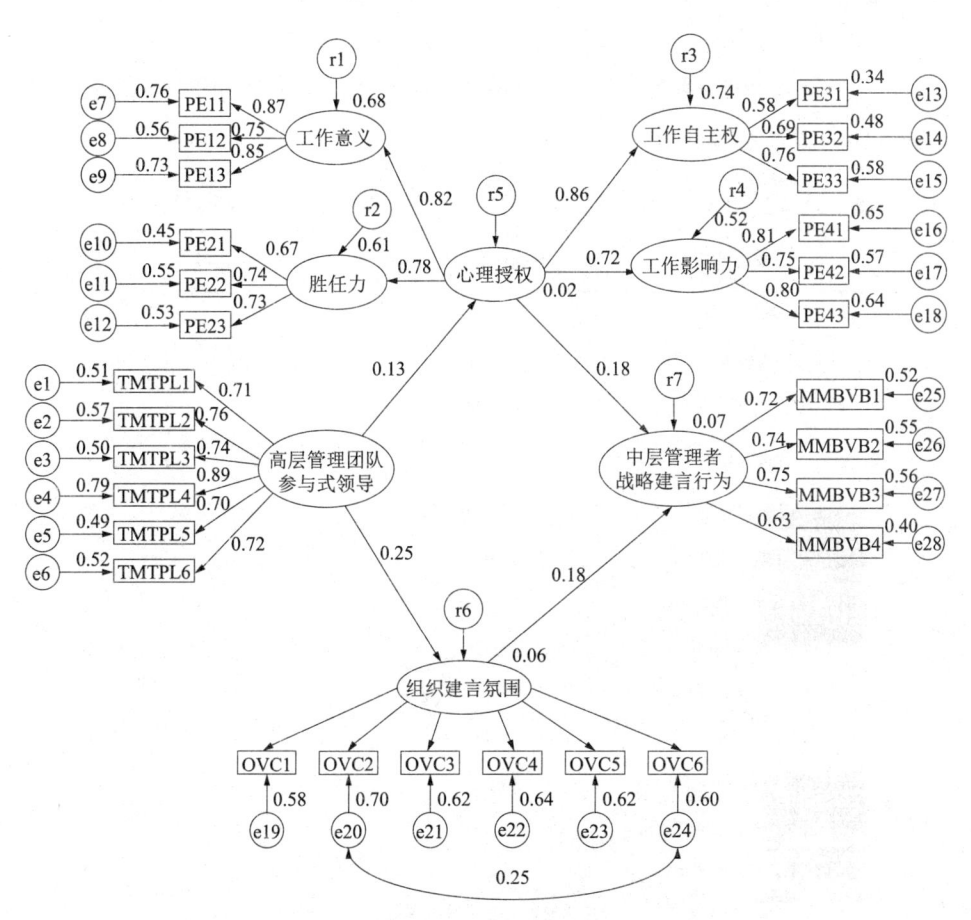

图 4-13 心理授权与组织建言氛围的完全中介作用模型

表 4-30 心理授权与组织建言氛围的完全中介作用模型标准化路径系数

路径	路径系数 (E)	标准化误差 (S.E.)	临界比 (C.R.)	显著性概率 (P)
组织建言氛围 <-- 高层管理团队参与式领导	0.251	0.058	4.341	***
心理授权 <-- 高层管理团队参与式领导	0.134*	0.054	2.192	0.028
胜任力 <-- 心理授权	0.780	0.084	9.675	***
工作意义 <-- 心理授权	0.823			
中层管理者战略建言行为 <-- 心理授权	0.178**	0.062	2.781	0.005
工作影响力 <-- 心理授权	0.722	0.079	9.967	***
工作自主权 <-- 心理授权	0.861	0.090	8.705	***
中层管理者战略建言行为 <-- 组织建言氛围	0.177**	0.051	2.953	0.003

*** 表示在 $P<0.001$ 水平显著；** 表示在 $P<0.01$ 水平显著；* 表示在 $P<0.05$ 水平显著

2）心理授权与组织建言氛围的部分中介作用模型分析。

对心理授权与组织建言氛围的部分中介作用模型进行拟合分析，模型适配度检验摘要结果如表 4-31 所示。

表 4-31　心理授权与组织建言氛围的部分中介作用模型适配度检验摘要表

整体适配评鉴指标	统计检验量	适配的标准或临界值	检验结果数据	模型适配判断
绝对适配度指标	χ^2/df（卡方自由度比）	< 2.00	1.366	是
	RMR（均方根残差）	< 0.05	0.028	是
	GFI（拟合优度指标）	> 0.90	0.918	是
	AGFI（调整拟合优度指标）	> 0.90 优良 > 0.80 可以接受	0.902	是
	RMSEA（近似误差均方根）	< 0.08	0.031	是
增值适配度指标	NFI（标准拟合指标）	> 0.90	0.911	是
	RFI（相对拟合指标）	> 0.90	0.901	是
	TLI（非标准拟合指标）	> 0.90	0.971	是
	IFI（差别拟合指标）	> 0.90	0.975	是
	CFI（比较拟合指标）	> 0.90	0.974	是
简约适配度指标	PGFI（简约拟合优度指标）	> 0.50	0.768	是
	PNFI（简约标准拟合指标）	> 0.50	0.820	是
	PCFI（简约比较拟合指标）	> 0.50	0.876	是
	AIC	理论模型值小于独立模型值 且同时小于饱和模型值	596.274 < 812.000 596.274 < 5280.368	是
	CAIC	理论模型值小于独立模型值 且同时小于饱和模型值	920.921 < 2809.071 920.921 < 5418.097	是

注：评价标准资料来源：麦卡勒姆和洪（1997）[1]、侯杰泰等（2004）[2]、黄芳铭（2005）[3]、吴明隆（2009）[4]。

从表 4-31 可以看出，χ^2/df、RMR、AGFI、RMSEA、NFI、TLI、IFI、CFI、PGFI、PNFI、PCFI、AIC、CAIC 等各指标均达到模型适配标准。上述的拟合指标表明，心理授权与组织建言氛围的部分中介作用模型拟合符合要求。心理授权与组织建言氛围的部分中介作用模型的拟合路径如图 4-14 所示。

---

[1] MACCALLUM R C, HONG S. Power analysis in covariance structure modeling using GFI and AGFI[J]. Multivariate behavioral research, 1997(32): 193-210.

[2] 侯杰泰，温忠麟，成子娟. 结构方程模型及其应用[M]. 北京：经济科学出版社，2004.

[3] 黄芳铭. 结构方程模式：理论与应用[M]. 北京：中国税务出版社，2005.

[4] 吴明隆. 结构方程模型：AMOS 的操作与应用[M]. 重庆：重庆大学出版社，2009.

第 4 章
高层管理团队参与式领导对中层管理者战略建言行为的影响机制

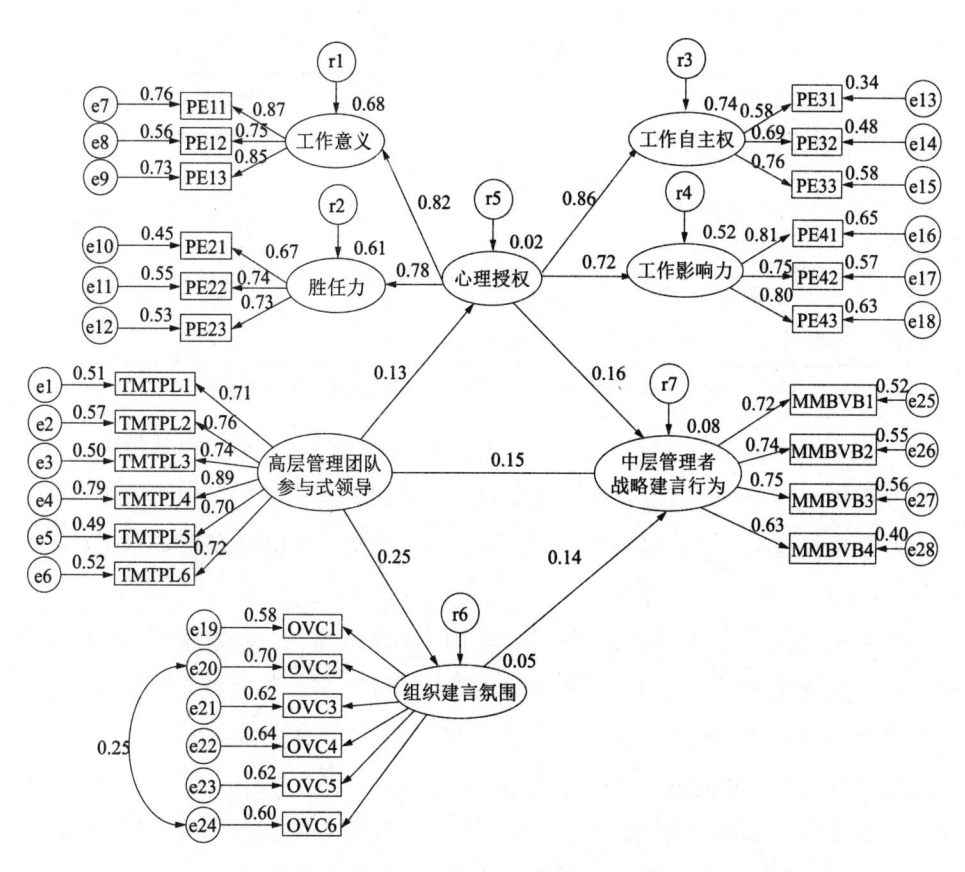

图 4-14 心理授权与组织建言氛围的部分中介作用模型

心理授权与组织建言氛围的部分中介作用模型标准化路径系数如表 4-32 所示。

表 4-32 心理授权与组织建言氛围的部分中介作用模型标准化路径系数

路径	路径系数 (E)	标准化误差 (S.E.)	临界比 (C.R.)	显著性概率 (P)
心理授权 <-- 高层管理团队参与式领导	0.129*	0.054	2.117	0.34
组织建言氛围 <-- 高层管理团队参与式领导	0.250	0.058	4.310	***
工作意义 <-- 心理授权	0.823			
胜任力 <-- 心理授权	0.779	0.084	9.668	***
工作自主权 <-- 心理授权	0.862	0.090	8.712	***

续表

路径	路径系数（E）	标准化误差（S.E.）	临界比（C.R.）	显著性概率（P）
工作影响力 <-- 心理授权	0.723	0.079	9.975	***
中层管理者战略建言行为 <-- 高层管理团队参与式领导	0.152*	0.054	2.426	0.015
中层管理者战略建言行为 <-- 组织建言氛围	0.137*	0.052	2.240	0.025
中层管理者战略建言行为 <-- 心理授权	0.156*	0.061	2.443	0.015

*** 表示在 $P<0.001$ 水平显著；** 表示在 $P<0.01$ 水平显著；* 表示在 $P<0.05$ 水平显著

从自变量（高层管理团队参与式领导）对中介变量（心理授权与组织建言氛围）的影响效果来看，路径系数均达到显著性水平，其中高层管理团队参与式领导对心理授权与组织建言氛围的标准化路径系数分别为0.129（在0.05水平显著）与0.250（在0.001水平显著）。

从中介变量（心理授权与组织建言氛围）对因变量（中层管理者战略建言行为）的影响效果来看，所有路径系数均达到显著性水平，其中心理授权对中层管理者战略建言行为的标准化路径系数为0.156（在0.05水平显著）；组织建言氛围对中层管理者战略建言行为的标准化路径系数为0.137（在0.05水平显著）。

从自变量（高层管理团队参与式领导）对因变量（中层管理者战略建言行为）的影响效果来看，路径系数达到显著性水平，高层管理团队参与式领导对中层管理者战略建言行为的标准化路径系数为0.152（在0.05水平显著）。

根据判定中介作用的条件④，因变量（中层管理者战略建言行为）同时对自变量（高层管理团队参与式领导）和中介变量（心理授权与组织建言氛围）的回归，中介变量（心理授权与组织建言氛围）的回归系数达到显著性水平，自变量（高层管理团队参与式领导）的回归系数减少但仍然达到显著水平，说明中介变量（心理授权与组织建言氛围）起部分中介作用，即高层管理团队参与式领导不仅通过心理授权与组织建言氛围间接影响中层管理者战略建言行为，而且还会对中层管理者战略建言行为产生直接影响。

4.4 结论与讨论

4.4.1 高层管理团队参与式领导的维度

高层管理团队参与式领导就是通过电子媒介、召开下属团队会议等形式来倾听中层管理者等下属的意见并主动征求他们对决策和管理的看法与意见,从而保证决策与管理的周密性和科学性的领导风格。根据以往高层管理团队、中层管理者、参与式领导的研究成果,以及本书所收集的调查问卷数据的研究结果显示,高层管理团队参与式领导为单因素模型,包括"高层管理团队鼓励中层管理者表达自己的观点和建议""高层管理团队乐于倾听中层管理者的想法和意见""高层管理团队会听取中层管理者的合理化建议""高层管理团队会给中层管理者提意见的机会""高层管理团队不会贸然否决中层管理者的提议"和"高层管理团队不会一意孤行"等内容。

4.4.2 心理授权的维度

根据以往心理授权的研究成果,以及本书所收集的调查问卷数据的研究结果显示,心理授权存在四个维度:工作意义、胜任力、工作自主权、工作影响力。工作意义包括"我所做的工作对我来说非常有意义""工作上所做的事对我个人来说非常有意义""我的工作对我来说非常重要"三个内容;胜任力包括"我掌握了完成工作所需要的各项技能""我自信自己有干好工作上的各项事情的能力""我对自己完成工作的能力非常有信心"三个内容;工作自主权包括"我自己可以决定如何来着手来做我的工作""在如何完成工作上,我有很大的独立性和自主权""在决定如何完成我的工作上,我有很大的自主权"三个内容;工作影响力包括"我对发生在本部门的事情的影响很大""我对发生在本部门的事情起着很大的控制作用""我对发生在本部门的事情有重大的影响"三个内容。

4.4.3 组织建言氛围的维度

根据以往团队建言氛围的研究成果,以及本书所收集的调查问卷数据的研究结果显示,团队建言氛围为单因素模型,包括"组织鼓励成员对影响组织生存与发展的问题提出建议""组织鼓励成员参与到影响组织的事务之中""组织鼓励成员即使持不同甚至反对的意见,也把自己关于工作的不同看法和同事交流""组织鼓励成员说出对组织可能有帮助的观点""组织鼓励成员积极参与到影响组织工作质量的议题中""组织鼓励成员就工作程序中的新方案或新变化提出自己的建议和想法"等内容。

4.4.4 中层管理者战略建言行为的维度

根据以往建言行为的研究成果,结合中层管理者特定主体,以及本书所收集的调查问卷数据的研究结果显示,中层管理者战略建言行为为单因素模型,包括"我曾向高层管理者就企业战略决策议题表达过自己的想法或意见""我曾就企业战略执行议题与高层管理者进行了反馈、沟通与协调""我曾向高层管理者就企业战略业绩度量表达过自己的想法或意见""我曾向高层管理者就企业战略调整表达过自己的想法或意见"等内容。

4.4.5 高层管理团队参与式领导与中层管理者战略建言行为的关系

高层管理团队参与式领导对中层管理者战略建言行为有显著正向影响这一研究假设得到了实证支持。在本书确立的结构方程模型中(见图4-12),高层管理团队参与式领导对中层管理者战略建言行为影响的标准化路径系数为0.206(在0.001水平显著),表明高层管理团队参与式领导对中层管理者战略建言行为有显著的正向影响。该研究结论说明,高层管理团队参与式领导风格释放了对中层管理者信任的信号,消除了中层管理者因建言所产生各种负面效应的顾虑,增加了中层管理者主动参与战略议题讨论的程度,中层管理者更乐意发表有关战略议题的新想法或新建议。因此,假设1通过了验证。

4.4.6　高层管理团队参与式领导与心理授权、组织建言氛围的关系

高层管理团队参与式领导对心理授权有显著正向影响这一研究假设得到了实证支持。在本书确立的结构方程模型中（见图 4-8），高层管理团队参与式领导对心理授权影响的标准化路径系数为 0.128（在 0.05 水平显著），表明高层管理团队参与式领导对心理授权有显著的正向影响。该研究结论说明，高层管理团队参与式领导行为越强，中层管理者越能从内心深处体会到自己被重视的感觉，自我决策、归属感、内心的满足感、主人翁意识等心理授权感觉也就越强。因此，假设 2a 通过了验证。

高层管理团队参与式领导对组织建言氛围有显著正向影响这一研究假设得到了实证支持。在本书确立的结构方程模型中（见图 4-9），高层管理团队参与式领导对组织建言氛围影响的标准化路径系数为 0.248（在 0.001 水平显著），表明高层管理团队参与式领导对组织建言氛围有显著的正向影响。该研究结论说明，高层管理团队参与式领导行为越强，无疑在组织中助长了分权、自我管理、民主开放的气氛，中层管理者参与战略决策议题讨论的主动性就越强，更乐意就组织战略问题畅所建言，组织建言氛围也将越来越浓厚。因此，假设 2b 通过了验证。

4.4.7　心理授权、组织建言氛围与中层管理者战略建言行为的关系

心理授权对中层管理者战略建言行为有显著正向影响这一研究假设得到了实证支持。在本书确立的结构方程模型中（见图 4-10），心理授权对中层管理者战略建言行为影响的标准化路径系数为 0.182（在 0.01 水平显著），表明心理授权对中层管理者战略建言行为有显著的正向影响。该研究结论说明，中层管理者的心理授权感越强，将会对组织战略议题给予更多的关注，也乐意主动分享自己的观点，战略建言的次数自然就会增加。因此，假设 3a 通过了验证。

组织建言氛围对中层管理者战略建言行为有显著正向影响这一研究假设得到了实证支持。在本书确立的结构方程模型中（见图 4-11），组织建言氛围对中层管

理者战略建言行为影响的标准化路径系数为 0.188（在 0.01 水平显著），表明组织建言氛围对中层管理者战略建言行为有显著的正向影响。该研究结论说明，组织建言氛围越浓厚，中层管理者感知建言所带来的风险越低，随着与高层管理团队成员的心理距离拉近，中层管理者在有关战略制定或变革的讨论中会变得畅所欲言。因此，假设 3b 通过了验证。

4.4.8 心理授权与组织建言氛围的中介作用

从上述分析可以看出，高层管理团队参与式领导对心理授权、组织建言氛围的路径系数分别为 0.129（在 0.05 水平显著）与 0.250（在 0.001 水平显著），心理授权、组织建言氛围对中层管理者战略建言行为的标准化路径系数分别为 0.156（在 0.05 水平显著）与 0.137（在 0.05 水平显著）。该研究结论说明，高层管理团队参与式领导通过心理授权与组织建言氛围间接影响中层管理者战略建言行为，因此，假设 4a、4b 得到验证。同时结合上述高层管理团队参与式领导还会对中层管理者战略建言行为产生直接影响的结论，最终得出心理授权、组织建言氛围在高层管理团队参与式领导与中层管理者战略建言行为之间起部分中介作用。

4.5 研究意义及有待进一步研究的问题

本书通过引入高层管理团队参与式领导这一前因变量来研究其对中层管理者战略建言行为的影响，弥补了现有领导风格对下属建言行为影响研究中对参与式领导这一普遍领导风格关注的不足。另外，对组织建言氛围这个中介变量作用的考量，弥补了过去领导风格对员工建言的影响研究中对组织层面中介变量的研究忽视，因为过去中介变量作用的分析主要集中在信任、认同、心理授权、员工积极情绪、组织自尊、心理安全感、权力距离、团队氛围等员工个体感知层面或团队层面上。

在未来的研究中，可考虑中层管理者的个体特征（包括人口特征和心理特征）

及组织类型对上述关系的调节作用，以便更好诠释各变量间作用关系的复杂图景，如在研究中考虑中层管理者的可控性归因风格、性别等特征变量的调节作用及考虑上述研究关系在国企、民营企业和外企的差别等。这些研究将更全面揭示高层管理团队参与式领导对中层管理者战略建言行为的影响机制。

第5章
企业战略决策质量与执行质量指标构建

战略决策与战略执行是战略管理中极为重要的环节，二者的质量影响企业的业绩甚至命运。尽管学界与企业界都意识到这点，但迄今为止，在战略决策质量与战略执行质量指标测量上尚未形成共识，以致缺乏从如何提高战略决策质量与战略执行质量层面上进行较深入探讨。基于此，本章将对战略决策质量与战略执行质量指标进行深入探索与分析，通过访谈、专家咨询、问卷调查及定量分析相结合的方法，构建战略决策质量指标量表与战略执行质量指标量表，并对其进行信效度检验，以期为学界对战略决策质量与战略执行质量研究提供可操作的测量工具，并为企业界了解和提升战略决策质量与战略执行质量进而提高企业绩效提供理论方法与指导。

5.1 战略决策质量与战略执行质量指标研究综述

战略决策质量是企业能否实现可持续发展的关键。国外文献对战略决策质量内涵的解读主要通过一些评价指标来刻画。蒂耶（Tilles）首次提出了战略决策质量评价的六条标准，即战略决策与企业目标是否保持一致；战略决策与环境现状是否保持一致并考虑了环境的动态性；战略决策与企业关键资源是否适应；战略决策的风险是否在企业能承受的范围内；战略决策是否确定了适当的目标实现时间；战略决策是否达到了预期的效果[1]。施威格（Schweiger）[2]、杜利（Dooley）

---

[1] TILLES S. How to evaluate corporate strategy[J]. Harvard Business Review, 1963, 41(4):111-121.
[2] SCHWEIGER D M, SANDBERG W R, RAGON J W. Group approaches for improving strategic decision making: a comparative analysis of dialectical inquiry, devill's advocacy and consensus approaches to strategic decision making[J]. Academy of management journal, 1986 (32):745-772.

和弗里谢尔（Fryxell）①、米切（Michie）等②、福尔贝斯（Forbes）③等后续研究者在进行战略决策质量的相关研究时都参考了蒂耶的战略决策质量量表。国内也有极少数学者对战略决策质量的定义进行了释义，如汪丽将战略决策质量定义为对组织目标的贡献④，郭立新与陈传明将战略决策质量定义为决策与外部环境、内部资源和能力以及企业主要目标相一致的程度⑤等。尽管国内研究者在战略决策质量的定义表述上有所差别，但总的来说，研究者对战略决策质量内涵的解读也基本参照了国外文献⑥⑦⑧。

战略执行质量与战略执行效果的含义相近。加姆迪（Al-Ghamdi）认为，战略执行效果包括战略举措是否都能得到有效执行以及涉及战略举措能否在既定的时间和预算的资源范围内得以实现等内容⑨。布莱森（Bryson）与布罗米利（Bromiley）还认为有助于企业未来成功的能力和意识也是衡量战略执行效果的重要方面⑩。国内研究者基本沿袭上述国外文献，大都从完成率、时间效率、财务指标和能力培养等几个方面对战略执行效果进行综合衡量⑪⑫⑬⑭。现代企业面临的经营环境越来越复杂多变，既定战略的有效执行直接影响着企业的生存与发展，尽管对战略执行的关注度日渐提高，但企业界和学术界对战略执行研究尚

---

① DOOLEY R S, FRYXELL G E. Attaining decision quality and commitment from dissent: the moderating effects of loyalty and competence in strategic decision-making teams[J].Academy of management journal,1999, 42(4): 389-402.

② MICHIE,DOOLEY,FRYXELL.Top management team heterogeneity,consensus,and collaboration:a moderated mediation model of decision quality[J].Academy of management proceedings，2002 (1):1-6.

③ FORBES D P. Reconsidering the strategic implications of decision comprehensiveness［J］. Academy of management review,2007, 32 (2) :361-376.

④ 汪丽.企业共同愿景与战略决策质量关系的实证研究［J］.科学学与科学技术管理，2006（10）：99-102.

⑤ 郭立新，陈传明.企业家社会资本与企业绩效——以战略决策质量为中介[J].经济管理，2011, 33（12）：43-51.

⑥ 新春，刘莉."家族性"影响因素、战略决策质量与竞争优势关系探析[J].外国经济与管理，2008, 30(1)：52-58.

⑦ 陈权.情绪智力对高管团队冲突、行为整合及战略决策绩效影响研究[D].镇江：江苏大学, 2013.

⑧ AL-GHAMDI SALEM M.Obstacles to successful implementation of strategic decision: the british experience[J]. European business review, 1998，98 (6):322-328.

⑨ AL-GHAMDI SALEM M.Obstacles to Successful Implementation of Strategic Decision: the British experience[J]. European business review, 1998，98 (6):322-328.

⑩ JOHN MB,BROMILEY. Philip: critical factors affecting the planning and implementation of major projects[J]. Strategic management journal, 1993,14:319-337.

⑪ 薛云奎，齐大庆，韦华宁.企业战略执行现状及执行力决定因素分析［J］.管理世界，2005（9）：88-98.

⑫ 杨生斌，孟完芳，王立行，等.高绩效工作系统、组织公民行为对技术创新战略执行的影响——基于航空研究所的实证研究［J］.情报杂志，2009, 28（12）：74-78.

⑬ 黄亮.高管团队支持对中小民营企业战略执行绩效的影响：环境不确定性的调节作用［J］.软科学, 2012, 26(5)：91-93.

⑭ 魏虹.企业家社会资本与战略执行效果——战略共识的中介效应研究[D].南京：南京大学, 2012.

不系统和深入，有关战略执行质量或效果的度量研究还很匮乏，因而难以为当下企业如何提高战略执行质量提供指导和借鉴。

因此，以国内企业为背景，构建战略决策质量与战略执行质量指标并进行标准化信效度检验，已成为国内企业界和学界迫切需要解决的问题。

5.2 研究设计

5.2.1 问卷发放与收集

对来自湖南、广西等省、自治区的 32 家企业的中高层管理人员进行开放式问卷调查，共发放问卷 135 份，回收有效问卷 92 份，有效回收率 68.2%。预试采用自编的《战略决策质量预试问卷》《战略执行质量预试问卷》，预试样本来自在校学习的 MBA 学员与企业高管培训班学员，共发放问卷 350 份，回收有效问卷 248 份，有效回收率 70.9%。正式测试样本来自湖南、广西、浙江等省份 124 家企业的中高层管理者，共发放问卷 550 份，回收有效问卷 372 份，有效回收率 67.6%。从上述两个样本统计的信息来看，男性居多（79.5% 和 74.8%），年龄以 36～45 岁为主（36.4% 和 35.7%），教育程度以本科为主（40.5% 和 37.5%），入职年限大多数在 3 年以上的（35.3% 和 40.9%），制造业所占比例较大（36.3% 和 38.5%）。总体来看，所采集样本及数据信息具有一定的代表性。

5.2.2 问卷编制

问卷编制包含四个步骤。

第一，文献阅读与分析。在广泛阅读国内外关于战略决策与战略执行文献的基础上，对战略决策质量与战略执行质量的概念或内涵进行深入解读，收集相关条目。

第二，深度访谈和开放式问卷调查。为避免集中化取样所带来的偏差，在访谈企业选取上尽量充分考虑了企业产业类型、经营规模及所有制性质。访谈了博裕园林有限公司、乐家五金制品有限公司等企业的 28 名中高层管理人员。访谈时间一般每人 1 小时左右。通过与访谈对象的深度访谈，获取第一手的相关资料。开放式问卷包括"您认为，衡量战略决策质量的维度有哪些？您所在的企业采取了哪些措施来提高战略决策质量？""您认为，衡量战略执行质量的维度有哪些？您所在的企业采取了哪些措施来提高战略执行质量？"等题项。

第三，条目归类与汇总。对文献研究、深度访谈与开放式问卷调查得到的战略决策质量及战略执行质量的条目进行归类与汇总，在此基础上设计战略决策质量问卷与战略执行质量问卷的条目并编制初始问卷。

第四，预试问卷条目评定。为保证预试问卷的质量，邀请三名企业管理专业的教授对问卷条目及条目的表述进行了反复推敲与审查，最后请四家企业的十五位资深的中高层管理者进行了试答并对问卷条目表达欠清晰或不完善的地方进行了适当修改和完善，最终形成战略决策质量与战略执行质量的正式调查问卷，其中战略决策质量问卷包含"战略决策有助于企业达成目标"等 7 个条目，战略执行质量问卷包含"战略决策过程中对多种方案进行了比较分析"等 4 个条目，条目以 Likert 五级量表进行衡量，1 代表完全不符合，5 代表完全符合。

5.3 数据分析与结果

5.3.1 探索性因子分析及信度检验

采用 SPSS17.0 对包含 248 份问卷数据的预试样本进行战略决策质量与战略执行质量的探索性因子分析。检验结果表明战略决策质量量表的 KMO 统计量为 0.834，战略执行质量量表的 KMO 统计量为 0.810，属于较好水平，均适合进行因子分析，且 Bartlett 球度检验的 χ^2 统计值依次为 1216.154、528.677，均达到显著水平，进一步表明适合做因子分析。

通过最大方差主成分分析和参照轴旋转，战略决策质量最终析出特征值大于 1 的公共因子 2 个，2 个因子分别命名为"效果因子"（3 个测量条目）与"过程理性因子"（4 个测量条目），特征根的值分别为 1.338、4.168，两个因子累积解释 78.655% 的变异（＞60%），其中"效果因子"解释 34.278% 的变异，因子负荷 0.742～0.900（＞0.7），"过程理性因子"解释 44.377% 的变异，因子负荷为 0.726～0.915（＞0.7），这表明各条目均具有较好的结构效度。而战略执行质量最终析出特征值大于 1 的公共因子 1 个（4 个测量条目），特征根值为 2.864，因子累积解释 71.592% 的变异（＞60%），因子负荷为 0.840～0.903（＞0.7），这也表明各条目均具有较好的结构效度。具体结果如表 5-1、表 5-2 所示。

表 5-1 战略决策质量探索性因子分析结果

测量条目	因子 1	因子 2
因子 1：效果因子		
SDQ 1 战略决策有助于企业达成目标	0.900	0.201
SDQ 3 战略决策有助于提高企业的整体效率	0.870	0.274
SDQ 2 决策团队对决策规范性满意	0.742	0.174
因子 2：过程理性因子		
SDQ 6 战略决策过程中对多种方案进行了比较分析	0.148	0.915
SDQ 5 战略决策过程中考虑了外部环境及其动态变化	0.203	0.898
SDQ 4 战略决策过程中考虑了企业内部可利用的资源	0.238	0.888
SDQ 7 战略决策过程中对决策方案风险进行了可控性评估	0.403	0.726
各因子解释变异的百分比	34.278%	44.377%
特征根值	1.338	4.168

表 5-2 战略执行质量的探索性因子分析结果

测量条目	因子
SIQ 1 战略措施能够有效贯彻执行	0.903
SIQ 3 战略执行有助于提高企业销售增长率	0.902
SIQ 2 战略执行有助于提高企业市场份额	0.862
SIQ 4 战略执行有助于提高企业运营能力	0.840
因子解释变异的百分比	71.592%
特征根值	2.864

对战略决策质量的二因子结构进行信度检验，结果表明各结构因子的纠正条款总相关系数值（CITC）均大于 0.5，条款删除后的 α 信度系数均小于结构因子的整体 α 信度系数，且整体 α 信度系数为 0.896，大于 0.7，说明战略决策质量的二因子结构因子具有较好的信度。同样对战略执行量表进行信度检验，条款删除后的 α 信度系数均小于结构因子的整体 α 信度系数，且整体 α 信度系数为 0.907，大于 0.7，这也说明战略执行量表具有较好的信度。

5.3.2 验证性因素分析及效度检验

采用 AMOS20.0 对正式测试中得到的 124 家企业 372 份有效问卷进行验证性

第 5 章 企业战略决策质量与执行质量指标构建

因素分析（CFA）。反映模型拟合程度的整体适配度指标包括绝对适配度指标、增值适配度指标及简约适配度指标三类指标[1][2][3]，并且黑尔（Hair）等、黄芳铭等认为这三类指标对以往适配指标作了良好的归类，建议研究者在做模型整体适配评鉴时能够同时考虑这三类指标，因为使用这三类指标的优点在于对模式的可接受性比较能够产生共识的结果。

根据识别后的模型拟合输出的数据进行分析判断，如表5-3、表5-4所示，研究认为战略决策质量因子模型与战略执行质量因子模型具有良好的建构效度，进一步支持了编制的战略决策质量问卷与战略执行问卷。

表 5-3 "战略决策质量"量表验证性分析的整体模型适配度检验摘要表

整体适配评鉴指标	统计检验量	适配的标准或临界值	检验结果数据	模型适配判断
绝对适配度指标	χ^2/df（卡方自由度比）	< 3.00	1.285	适配
	RMR（均方根残差）	< 0.05	0.019	适配
	GFI（拟合优度指标）	> 0.90	0.960	适配
	AGFI（调整拟合优度指标）	> 0.90 优良	0.914	适配
	RMSEA（近似误差均方根）	< 0.08	0.048	适配
增值适配度指标	NFI（标准拟合指标）	> 0.90	0.980	适配
	RFI（相对拟合指标）	> 0.90	0.968	适配
	TLI（非标准拟合指标）	> 0.90	0.993	适配
	IFI（差别拟合指标）	> 0.90	0.996	适配
	CFI（比较拟合指标）	> 0.90	0.996	适配
简约适配度指标	PGFI（简约拟合优度指标）	> 0.50	0.506	适配
	PNFI（简约标准拟合指标）	> 0.50	0.607	适配
	PCFI（简约比较拟合指标）	> 0.50	0.616	适配
	AIC	理论模型值小于独立模型值且同时小于饱和模型值	46.707 < 56.000 46.707 < 868.143	适配
	CAIC	理论模型值小于独立模型值且同时小于饱和模型值	104.132 < 163.193 104.132 < 894.941	适配

注：评价标准资料来源：黄芳铭（2005）[4]、侯杰泰等（2004）[5]、吴明隆（2009）[6]

---

[1] KELLOWAY E K.Using LISREL for structural equation modeling:a researcher's guide[M].Sage Publications, 1998.

[2] HAIR J F, ANDERSON R F,TATHAM R L,et al. Multivariate data analysis[M].5th. New Jersey: Prentice Hall Inc,1998.

[3] 黄芳铭.结构方程模式：理论与应用 [M]. 北京：中国税务出版社，2005.

[4] 黄芳铭.结构方程模式：理论与应用 [M]. 北京：中国税务出版社，2005.

[5] 侯杰泰，温忠麟，成子娟.结构方程模型及其应用 [M]. 北京：经济科学出版社，2004.

[6] 吴明隆.结构方程模型：AMOS 的操作与应用 [M]. 重庆：重庆大学出版社，2009.

表 5-4 "战略执行质量"量表验证性分析的整体模型适配度检验摘要表

整体适配评鉴指标	统计检验量	适配的标准或临界值	检验结果数据	模型适配判断
绝对适配度指标	χ^2/df（卡方自由度比）	< 3.00	1.682	适配
	RMR（均方根残差）	< 0.05	0.031	适配
	GFI（拟合优度指标）	> 0.90	0.922	适配
	AGFI（调整拟合优度指标）	> 0.90 优良 > 0.80 可以接受	0.874	适配
	RMSEA（近似误差均方根）	< 0.08	0.074	适配
增值适配度指标	NFI（标准拟合指标）	> 0.90	0.928	适配
	RFI（相对拟合指标）	> 0.90	0.905	适配
	TLI（非标准拟合指标）	> 0.90	0.959	适配
	IFI（差别拟合指标）	> 0.90	0.970	适配
	CFI（比较拟合指标）	> 0.90	0.969	适配
简约适配度指标	PGFI（简约拟合优度指标）	> 0.50	0.570	适配
	PNFI（简约标准拟合指标）	> 0.50	0.702	适配
	PCFI（简约比较拟合指标）	> 0.50	0.732	适配
	AIC	理论模型值小于独立模型值 且同时小于饱和模型值	99.204 < 110.000 99.204 < 819.689	适配
	CAIC	理论模型值小于独立模型值 且同时小于饱和模型值	179.599 < 320.557 179.599 < 857.973	适配

注：评价标准资料来源：黄芳铭（2005）[1]、侯杰泰等（2004）[2]、吴明隆（2009）[3]。麦卡勒姆和洪（1997）[4]等指出 AGFI > 0.9 的要求过于严格，建议可放宽至 0.80。

从表 5-5、表 5-6 还可以看出各路径的标准化系数都在 0.7 以上，表现出很高的显著水平，说明有较好的收敛效度。此外，各指标项目的 R^2 值均在 0.5 以上，这表明各潜变量的测量表现出了良好的内部一致性，战略决策质量因子结构与战略执行质量因子结构具有良好的建构信度。

表 5-5 战略决策质量因子结构的参数估计表

路径	标准化系数 (E)	标准化误差 (S.E.)	临界比 (C.R.)	显著性概率 (P)	多元平方系数 (R^2)
A1 <-- 战略决策质量	0.902				0.813
A2 <-- 战略决策质量	0.911	0.056	16.219	***	0.831
A3 <-- 战略决策质量	0.932	0.061	17.215	***	0.869

[1] 黄芳铭. 结构方程模式：理论与应用 [M]. 北京：中国税务出版社，2005.
[2] 侯杰泰，温忠麟，成子娟. 结构方程模型及其应用 [M]. 北京：经济科学出版社，2004.
[3] 吴明隆. 结构方程模型：AMOS 的操作与应用 [M]. 重庆：重庆大学出版社，2009.
[4] MACCALLUM R C, HONG S. Power analysis in covariance structure modeling using GFI and AGFI[J]. Multivariate behavioral research, 1997, 32:193-210.

续表

路径	标准化系数 (E)	标准化误差 (S.E.)	临界比 (C.R.)	显著性概率 (P)	多元平方系数 (R^2)
A4 <-- 战略决策质量	0.911				0.830
A5 <-- 战略决策质量	0.883	0.070	14.368	***	0.780
A6 <-- 战略决策质量	0.901	0.063	14.940	***	0.811
A7 <-- 战略决策质量	0.924	0.061	16.215	***	0.853

*** 表示在 $P<0.001$ 水平显著；** 表示在 $P<0.01$ 水平显著；* 表示在 $P<0.05$ 水平显著

表 5-6　战略执行质量因子结构的参数估计表

路径	标准化系数 (E)	标准化误差 (S.E.)	临界比 (C.R.)	显著性概率 (P)	多元平方系数 (R^2)
B1 <-- 战略执行质量	0.887				0.787
B2 <-- 战略执行质量	0.847	0.073	12.373	***	0.717
B3 <-- 战略执行质量	0.826	0.082	11.863	***	0.682
B4 <-- 战略执行质量	0.786	0.081	10.906	***	0.618

*** 表示在 $P<0.001$ 水平显著；** 表示在 $P<0.01$ 水平显著；* 表示在 $P<0.05$ 水平显著

5.4　本章小结

尽管在战略管理文献中有大量以战略决策与战略执行为主题的研究，但关于战略决策质量与战略执行质量指标研究方面至今却较匮乏。本书以国内企业为背景，通过访谈、专家咨询、问卷调查及定量分析对战略决策质量与战略执行质量指标进行了较深入分析与评价。研究结果证实了本书提出的战略决策质量指标模型与战略执行质量指标模型具有良好的模型适配度。本书丰富和完善了战略决策质量与战略执行质量的评价理论、方法和指标体系，为国内企业提升战略决策质量与战略执行质量提供了相应的方法与指导。

第6章

高层管理团队与中层管理者的互动过程对战略决策质量及执行质量的影响机制

随着全球化所带来的企业经营环境的复杂性、不确定性和动态性的日益增强，传统的"高层管理团队制定战略而中层管理者执行战略"的观点受到越来越多学者的质疑。在哈特[1]、鲁洛[2]、丛龙峰和杨斌[3]等学者看来，中层管理者并非纯粹的战略执行者，而是在战略决策及执行环节都发挥了关键作用。一方面，与高层管理团队相比，中层管理者更接近市场和生产一线，可以为高层管理团队提供更多的信息，从而能够提高战略决策质量进而提高企业绩效[4][5][6]；另一方面，中层管理者作为联系高层管理团队与基层的桥梁，既与高管有着直接交流，同时也与基层有密切的联系，起着支持和加快战略执行或者降低执行质量的作用[7]，并且中层管理者参与战略决策有利于形成其对战略的认同，有利于提高战略执行质量进而提高企业绩效[8][9][10]。

中层管理者既是首先发现战略问题和战略机会的关键人之一，又是把企业战略规划分解为计划并转变成行动使之能够按照设定的战略规划进行的负责人，

---

[1] HART S L. An integrative framework for strategy-making processes[J]. Academy of management review,1992, 17(2): 327-352.

[2] ROULEAU L BALOGUN J. Middle managers, strategic sensemaking, and discursive competence[J]. Journal of management studies,2010,48(5):954-984.

[3] 丛龙峰，杨斌. 论战略人力资源管理对战略形成的影响[J]. 管理学报，2012 (11)：1616-1626.

[4] FLOYD, S W,WOOLDRIDGE B. Middle management involvement in strategy and its association with strategic type: a research note[J].Strategic management journal, 1992 (13): 153-167.

[5] WOOLDRIDGE B, SCHMID T,FLOYD S W.The middle management perspective on strategy process: contributions, synthesis, and future research[J].Journal of management, 2008, 34 (6):1190-1221.

[6] O'BRIEN D,SCOTT S P .The role of the middle manager in the strategy development process of the multinational subsidiary[C].Dublin institute of technology conference papers,2009.

[7] BURGELMAN R A. Fading memories: aprocess theory of strategic business exits in dynamic environments[J]. Administrative science quarterly, 1994, 39: 24-26.

[8] FLOYD S W,WOOLDRIDGE B. The Strategy process, middle management involvement, and organizational performance[J].Strategic management journal, 1990,11 (3):231-241.

[9] VILA J,CANALES J L. Can strategic planning make strategy more relevant and build commitment over time[J]. The case of racc, long range planning, 2008,41 (3): 273-290.

[10] Raes A M L, Heijltjes M G, Glunk U, et al. The interface of the top management team and middle managers:a process model[J].Academy of management review,2011,36 (1):102-126.

自然在执行战略中发挥了重要作用,然而,高层管理团队作为战略决策的主体,也在战略执行中的沟通、人员配置、引导、控制和评价等活动都扮演着不可或缺的角色[①],并且当中层管理者接受来自高层管理团队的信任与支持时,其对组织有强烈认同感,将会激发其执行战略的内在动力进而影响战略执行质量或效果。

尽管一些学者表达了高层管理团队与中层管理者共同参与战略决策及战略执行中的作用,但由于以往的战略管理文献大多将战略决策及战略执行割裂开来,并且深受传统的"战略制定于高层,战略执行在中层"的影响,以致以往战略管理文献鲜见对高层管理团队与中层管理者的互动及其对战略管理过程的影响研究。高层管理团队与中层管理者作为企业的两个主要管理层级,二者的互动才是战略决策及战略执行的关键,但研究人员对这种实际存在的互动却有意或无意地保持沉默,从而无法揭示二者对战略决策质量和战略执行质量的影响作用,也无法进一步探讨二者对企业绩效产生的影响。基于上述分析,本章将考察高层管理团队与中层管理者的互动过程维度,在此基础上探讨高层管理团队与中层管理者的互动过程对战略决策质量及战略执行质量的影响。

6.1 理论基础与研究假设

6.1.1 高层管理团队与中层管理者互动过程维度

从信息加工理论视角[②]来看,高层管理团队与中层管理者的互动就是彼此信息交换的过程。高层管理团队身处组织高层,更可能更好察觉社会及组织环境的变化趋势,以及组织内资源总体利用、整合的情况[③],因而在识别战略机会与战略问题时起关键作用,但随着企业竞争的不断加剧,外界环境日趋高复杂性和高

---

① 席酉民. 和谐理论与战略 [M]. 贵阳:贵州人民出版社,1989.

② DOOLEY R S, FRYXELL G E. Attaining decision quality and commitment from dissent: the moderating effects of loyalty and competence in strategic decision-making teams[J]. Academy of management journal, 1999(42): 389-402.

③ LANE F. Strategizing throughout the organization: managing role conflict in strategic renewal[J]. Academy of management review, 2000, 25(1):154-177.

不确定性，仅依靠高层管理团队的信息和资源很难支撑企业的可持续发展，需要增强对企业发展所需的异质性信息以及组织资源的获取和整合[①]，而中层管理者与高层管理团队相比较而言，更接近生产和市场一线，更加了解产品性能、市场变化及顾客需求，更能深入理解市场环境和组织的具体变化因素以及战略执行过程中信息、资源整合的具体情况。因而在战略管理过程中，需要高层管理团队与中层管理者进行深入的信息交流，就战略决策与执行的相关议题进行充分的沟通与协调，集思广益，有助于达成战略共识。

从人际交往理论视角[②]来看，高层管理团队与中层管理者的互动就是交互影响的过程。高层管理团队与中层管理者的战略互动使中层管理者能从内心深处体会到高层管理团队对自己的信任和重视，认为自己不但是战略执行者，还是战略制定参与者，无形中会产生自我决策、归属感、主人翁意识等主观感觉，从而能够激励其更好更准确地执行相关的战略，同样，在战略互动过程中，中层管理者积极向高层管理团队营销基于中低层诉求的战略方案，从而对高层管理团队产生上行影响。这样的战略互动实质上是在既考虑组织整体战略目标又考虑不同管理层级利益诉求的情况下，彼此通过协商得出战略决策及战略执行方案。

基于上述分析，本章提出以下假设：

假设1：高层管理团队与中层管理者互动过程包括信息交换与相互影响两个维度。

6.1.2 高层管理团队与中层管理者之间的信息交换对战略决策质量及执行质量的影响

由于高层管理团队与中层管理者的组织角色、社会背景与社会网络不同，导致各自所获取的信息量可能不同，而这些异质性信息正是在外界环境日趋高复杂性和高不确定性的背景下企业保持可持续发展所需要的。高层管理团队与中层管理者的信息交换能形成信息互补，集思广益，有助于达成战略共识，从而提高战略决策质量。同时，在战略执行过程中，高层管理团队与中层管理者的

[①] 黄金鑫，陈传明，陆奇岸.中高层管理团队互动界面对企业竞争优势作用机理研究[J].广西社会科学，2013(7):78-81.

[②] FLOYD SW, WOOLDRIDGE B. Managing strategic consensus:the foundation of effective implementation[J]. Academy of management executive,1992,6 (4):27-39.

信息交换也非常重要。一方面，中层管理者只有在高层管理团队清晰的指导下，在与高层管理团队有正式的沟通、充分的信息交流的情况下，才能更好地执行战略；另一方面，中层管理者定期或不定期地向高层管理团队提供产品性能、市场需求、竞争情况等各方面的信息，便于高层管理团队建议与监控战略执行的情况，甚至在有必要的情况下对战略做出相应的调整，这些都有利于提高战略执行质量。

基于上述分析，本章提出以下假设：

假设 2a：高层管理团队与中层管理者的信息交换对战略决策质量有显著的正向影响。

假设 2b：高层管理团队与中层管理者的信息交换对战略执行质量有显著的正向影响。

6.1.3 高层管理团队与中层管理者之间的交互影响对战略决策质量及执行质量的影响

高层管理团队与中层管理者在战略互动过程中是交互影响的，并且这种交互影响对战略决策质量与执行质量产生重要影响。一方面，中层管理者参与战略决策，会增强其心理授权感，有助于形成战略共识，激励其更好地准确执行相关的战略，从而提高战略执行质量；另一方面，高层管理团队在战略决策过程中，会考虑中层管理者反馈的生产和市场的一线情况，也会考虑中层管理者积极向其推销基于中低层诉求的战略方案，这些将有利于决策的科学化，也将提高战略决策质量。

基于上述分析，本章提出以下假设：

假设 3a：高层管理团队与中层管理者的交互影响对战略决策质量有显著的正向影响。

假设 3b：高层管理团队与中层管理者的交互影响对战略执行质量有显著的正向影响。

6.2 研究设计

6.2.1 研究样本与数据收集

本书的研究样本包括预试样本与正式测试样本，预试样本来自在校学习的工商管理硕士学员与企业高管培训班学员，共发放问卷 350 份，回收有效问卷 248 份，有效回收率 70.9%。正式测试样本来自湖南、广西、浙江等省份 124 家企业的中高层管理者，共发放问卷 550 份，回收有效问卷 372 份，有效回收率 67.6%。从上述两个样本统计的信息来看，男性居多（79.5% 和 74.8%），年龄以 36~45 岁为主（36.4% 和 35.7%），教育程度以本科为主（40.5% 和 37.5%），入职年限大多数在 3 年以上（35.3% 和 40.9%），制造业所占比例较大（36.3% 和 38.5%）。总体来看，所采集样本及数据信息具有一定的代表性。

6.2.1 变量测量

本书问卷采用 Likert 五级量表，1 代表完全不符合，5 代表完全符合。研究将高层管理团队与中层管理者的互动过程分为信息交换与交互影响两个维度，共 7 个题项，其中信息交换测量题项在综合汉布瑞克[1]、西姆塞克（Simsek）等[2]、卡尔梅利（Carmeli）和朔布鲁克（Schaubroeck）[3]等人观点的基础上编制和修订而成，包含"高层管理团队与中层管理者之间交流能够产生解决问题的高效方案"等 3 个题项，交互影响测量题项在综合汉布瑞克和坎内拉[4]、弗洛伊德和伍尔德里奇[5]、诺布尔（Noble）[6]等人观点的基础上编制和修订而成，包

---

[1] HAMBRICK D C. Top management groups: a conceptual integration and reconsideration of the team label[J]. Research in organizational behavior, 1994(16): 171-214.

[2] SIMSEK Z, VEIGA J F, LUBATKIN M H, et al. Modeling the multilevel determinants of top management team behavioral integration[J]. Academy of management journal, 2005, 48(1): 69-84.

[3] CANNELIA, SCHAUBROECK J. Top management team behavioral integration, decision quality, and organizational decline[J]. The leadership quarterly, 2006, 17(5): 441-453.

[4] HAMBRICK D C, CANNELLA A A. Strategy implementation as substance and selling[J]. Academy of management executive, 1989, 3(4): 278-285.

[5] FLOYD S W, WOOLDRIDGE B. Managing strategic consensus: the foundation of effective implementation[J]. Academy of management executive, 1992, 6(4): 27-39.

[6] NOBLE C H. The eclectic roots of strategy implementation research[J]. Journal of business research, 1999(45): 119-134.

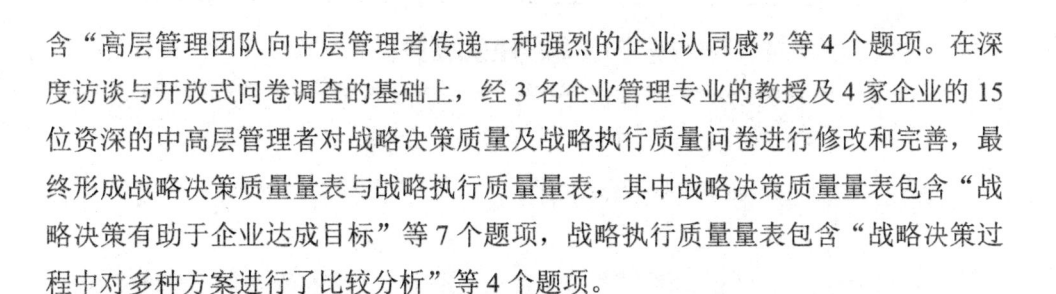

含"高层管理团队向中层管理者传递一种强烈的企业认同感"等 4 个题项。在深度访谈与开放式问卷调查的基础上,经 3 名企业管理专业的教授及 4 家企业的 15 位资深的中高层管理者对战略决策质量及战略执行质量问卷进行修改和完善,最终形成战略决策质量量表与战略执行质量量表,其中战略决策质量量表包含"战略决策有助于企业达成目标"等 7 个题项,战略执行质量量表包含"战略决策过程中对多种方案进行了比较分析"等 4 个题项。

6.2.3 数据分析与结果

1. 探索性因子分析

先采用 SPSS17.0 对包含 248 份问卷数据的预试样本进行高层管理团队与中层管理者的互动过程、战略决策质量及战略执行质量的探索性因子分析,统计结果显示,高层管理团队与中层管理者互动过程的 KMO 值为 0.892,战略决策质量的 KMO 值为 0.834,战略执行质量的 KMO 值为 0.810,属于较好水平,均适合进行因子分析,且 Bartlett 球度检验的 χ^2 统计量均在小于 0.001% 的水平上显著,进一步表明适合做因子分析。通过最大方差主成分分析和参照轴旋转,高层管理团队与中层管理者的互动过程最终析出特征值大于 1 的公共因子 2 个:因子 1 是信息交换(3 个测量条目),特征根值为 4.984,因子 2 是交互影响(4 个测量条目),特征根值为 3.074,两个因子累积解释 71.392% 的变异(>60%),其中信息交换因子负荷为 0.808~0.965(>0.7),交互影响因子负荷为 0.760~0.811(>0.7)。战略决策质量最终析出特征值大于 1 的公共因子 2 个,2 个因子分别命名为"效果因子"(3 个测量条目)与"过程理性因子"(4 个测量条目),特征根值分别为 1.338、4.168,两个因子累积解释 78.655% 的变异(>60%),其中"效果因子"因子负荷为 0.742~0.900(>0.7),"过程理性因子"因子负荷为 0.726~0.915(>0.7)。战略执行质量最终析出特征值大于 1 的公共因子 1 个(4 个测量条目),特征根值为 2.864,因子累积解释 71.592% 的变异(>60%)。因子负荷为 0.840~0.903(>0.7),这表明各题项均具有较好的结构效度。

对信息交换、交互影响、战略决策质量及战略执行质量 4 个量表进行信度检验，结果表明各量表因子的纠正条款总相关系数值（CITC）均大于0.5，条款删除后的 α 信度系数均小于结构因子的整体 α 信度系数，且整体 α 信度系数为 0.808、0.763、0.896 和 0.907，均大于 0.7，说明各量表具有较好的信度。

2. 验证性因子分析

采用 AMOS20.0 对正式测试中得到的 124 家企业 372 份有效问卷样本进行验证性因子分析来验证其结构效度。Hair 等[①]（1998）认为，χ^2/df 介于 1 到 3 之间为拟合度较好，并且越小越好，RMSEA 值应该小于 0.08，NFI、CFI、IFI、GFI 等指标应当大于 0.90 且越大越好，验证性因子分析处理得出各变量结构模拟拟合指数如下表 6-1 所示。

表 6-1 拟合优度指标（效度检验）

拟合指标	χ^2/df	RMSEA	NFI	CFI	IFI	GFI
高层管理团队与中层管理者的互动过程	1.610	0.077	0.947	0.979	0.979	0.907
战略决策质量	1.353	0.053	0.948	0.985	0.986	0.947
战略执行质量	1.265	0.046	0.978	0.995	0.995	0.964

从表 6-1 中可以看出，各个模型的拟合效果较好。此外，本书所采用的问卷在进行量表内容设计时，主要基于已有的理论和实证基础，并采纳了专家和中高层管理者的意见后修订而成，因而本书所采用的量表具有较好的内容效度。

3. 模型验证与假设检验

基于探索性因子分析的结果，本书共推出高层管理团队与中层管理者互动过程的三个竞争力模型，模型 M1 是虚无模型，模型 M2 是单因子模型，即高层管理团队与中层管理者互动过程的两个因子合并为一个因子，模型 M3 是本书提出的两因子模型。模型 M1、M2、M3 拟合指标如表 6-2 所示，从表 6-2 可以看出 M3 相对于虚无模型（M1）、单因素模型（M2）在拟合优度上，χ^2/df 的值更小，各项拟合指标也更优。综合上述分析，高层管理团队与中层管理者的互动过程由信息交换与交互影响两个维度构成，因而假设 1 成立。

---

① HAIR J F, ANDERON R E, TATHAM R L, et al. Multivariate data analysis[M].New Jersey:Prentice Hall Inc,1998.

第 6 章
高层管理团队与中层管理者的互动过程对战略决策质量及执行质量的影响机制

表 6-2 高层管理团队与中层管理者的互动过程验证性因素模型拟合指标对比

测量模型	χ^2/df	RMR	GFI	AGFI	RMSEA	NFI	RFI	TLI	IFI	CFI	PGFI	PNFI	PCF
M1	22.104												
M2	13.649	0.175	0.548	0.246	0.319	0.672	0.563	0.581	0.689	0.686	0.329	0.504	0.515
M3	1.610	0.038	0.907	0.910	0.077	0.947	0.960	0.992	0.979	0.979	0.548	0.702	0.718

前面论述已明确高层管理团队与中层管理者的互动过程包含信息交换与交互影响两个维度，下面采用 AMOS20.0 对正式测试中得到的 124 家企业 372 份有效问卷进行验证性因素分析（CFA）来验证信息交换、交互影响与战略决策质量及战略执行质量之间的关系。高层管理团队与中层管理者互动过程的信息交换、交互影响与战略决策质量及战略执行质量维度关系的结构方程模型如图 6-1 所示，路径系数如表 6-3 所示。从图 6-1 和表 6-3 可以看出，信息交换对战略执行质量及交互影响对战略决策质量的路径不显著，因而假设 2a、3b 成立，而假设 2b、3a 不成立。

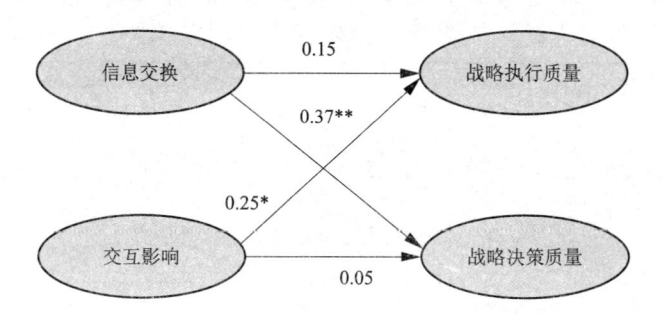

图 6-1 高层管理团队与中层管理者的互动过程与战略决策及战略执行质量关系结构方程模型

表 6-3 信息交换、交互影响对战略决策质量及战略执行质量的标准化路径系数

路径	路径系数（E）	标准化误差（S.E.）	临界比（C.R.）	显著性概率（P）
战略执行质量 <-- 信息交换	0.153	0.075	1.382	0.0167
战略决策质量 <-- 交互影响	0.052	0.096	0.479	0.632
战略决策质量 <-- 信息交换	0.366**	0.087	3.249	0.001
战略执行质量 <-- 交互影响	0.246*	0.087	2.218	0.027

*** 表示在 $P<0.001$ 水平显著；** 表示在 $P<0.01$ 水平显著；* 表示在 $P<0.05$ 水平显著

将图 6-1 模型中不显著的路径删除，进一步验证修正后模型的整体适配度。

黑尔等[1]、凯洛威（Kelloway）[2]、黄芳铭[3]等认为反映模型拟合程度的整体适配度指标包括绝对适配度指标、增值适配度指标及简约适配度指标等三类指标，并且认为这三类指标对以往适配指标作了良好的归类，建议研究者在做模型整体适配评鉴时能够同时考虑这三类指标，因为使用这三类指标的优点在于对模式的可接受性比较能够产生共识的结果。

根据识别后的模型拟合输出的数据进行分析判断，如表6-4所示，各项指标除GFI接近适配临界值外，其余指标均达到适配标准，由此可见，高层管理团队与中层管理者的互动过程与战略决策质量及战略执行质量关系模型拟合程度较好，所以，修正后的高层管理团队与中层管理者的互动过程与战略决策质量及战略执行质量的关系模型适配度良好，从表6-5也可以看出，信息交换对战略决策质量及交互影响对战略执行质量的路径显著，进一步验证了假设2a、3b成立。

表6-4　高层管理团队与中层管理者互动过程与战略决策及执行质量的关系模型适配检验

整体适配评鉴指标	统计检验量	适配的标准或临界值	检验结果数据	模型适配判断
绝对适配度指标	χ^2/df（卡方自由度比）	< 2.00	1.747	适配
	RMR（均方根残差）	< 0.10	0.075	适配
	GFI（拟合优度指标）	> 0.90	0.871	适配
	AGFI（调整拟合优度指标）	> 0.90 优良 > 0.80 可以接受	0.822	适配
	RMSEA（近似误差均方根）	< 0.08	0.078	适配
增值适配度指标	NFI（标准拟合指标）	> 0.90	0.902	适配
	RFI（相对拟合指标）	> 0.90	0.882	适配
	TLI（非标准拟合指标）	> 0.90	0.946	适配
	IFI（差别拟合指标）	> 0.90	0.956	适配
	CFI（比较拟合指标）	> 0.90	0.955	适配

---

[1] HAIR J F, ANDERON R E, TATHAM R L, et al. Multivariate data analysis[M].New Jersey:Prentice Hall Inc, 1998.

[2] KELLOWAY E K. Using LISREL for structural equation modeling: a researcher's guide[M]. London: Sage Publications, Inc, 1998.

[3] 黄芳铭. 结构方程模式：理论与应用[M]. 北京：中国税务出版社, 2005.

续表

整体适配评鉴指标	统计检验量	适配的标准或临界值	检验结果数据	模型适配判断
简约适配度指标	PGFI（简约拟合优度指标）	＞0.50	0.632	适配
	PNFI（简约标准拟合指标）	＞0.50	0.748	适配
	PCFI（简约比较拟合指标）	＞0.50	0.791	适配
	AIC	理论模型值小于独立模型值且同时小于饱和模型值	218.013＜240.000 218.013＜1586.246	适配
	CAIC	理论模型值小于独立模型值且同时小于饱和模型值	344.348＜699.398 344.348＜1643.671	适配

注：评价标准资料来源：麦卡勒姆和洪（1997）[1]、侯杰泰等（2004）[2]、黄芳铭（2005）[3]、吴明隆（2009）[4]

表6-5　信息交换对战略决策质量及交互影响对战略执行质量的标准化路径系数

路径	路径系数 (E)	标准化误差 (S.E.)	临界比 (C.R.)	显著性概率 (P)
战略决策质量 <-- 信息交换	0.284**	0.065	2.980	0.003
战略执行质量 <-- 交互影响	0.249**	0.085	2.581	0.010

*** 表示在 $P<0.001$ 水平显著；** 表示在 $P<0.01$ 水平显著；* 表示在 $P<0.05$ 水平显著

6.3　本章小结

6.3.1　高层管理团队与中层管理者互动过程的构成维度

在以往战略管理研究的基础上，基于信息加工理论和人际交往理论的视角，提出了高层管理团队与中层管理者互动过程的两个维度：信息交换与交互影响。数据统计分析结果也证实了高层管理团队与中层管理者互动过程二维度的划分。

---

[1] MACCALLUM R C, HONG S. Power analysis in covariance structure modeling using GFI and AGFI[J].Multivariate behavioral research,1997(32):193-210.
[2] 侯杰泰，温忠麟，成子娟.结构方程模型及其应用[M].北京：经济科学出版社，2004.
[3] 黄芳铭.结构方程模式：理论与应用[M].北京：中国税务出版社，2005.
[4] 吴明隆.结构方程模型：AMOS 的操作与应用[M].重庆：重庆大学出版社，2009.

6.3.2 高层管理团队与中层管理者的互动过程与战略决策质量及战略执行质量的关系

结构方程模型分析表明,信息交换对战略决策质量及交互影响对战略执行质量的路径显著,而信息交换对战略执行质量及交互影响对战略决策质量的路径系数不显著。这说明高层管理团队与中层管理者之间的信息交换对战略决策质量产生显著的正向影响,二者的交互影响对战略执行质量产生显著的正向影响。

第 7 章
研究结论、启示与展望

通过前面六章的研究，本书较为深入地分析和验证了高层管理团队与中层管理者的互动对战略决策质量及战略执行质量的影响关系。本章先阐明本书的主要结论和管理实践启示，然后针对本书存在的局限和不足提出未来的研究方向。

本书围绕"高层管理团队与中层管理者的互动对战略决策质量及战略执行质量的影响"这一研究命题，综合运用文献研究法、访谈法、问卷调查法等研究方法及 SPSS 和 AMOS 等数理统计分析工具，对高层管理团队与中层管理者的战略管理角色及其行为、高层管理团队参与式领导对中层管理者战略建言行为的影响机制、企业战略决策质量与执行质量评价指标构建、高层管理团队与中层管理者的互动过程对战略决策质量及执行质量的影响等问题展开了研究，并形成了以下主要研究结论。

7.1　主要研究结论

7.1.1　高层管理团队与中层管理者的战略管理角色及其行为

战略决策与战略执行是战略管理的基本内容，且二者并非独立的活动而是一个连续的过程，高层管理团队与中层管理者在这个连续的过程中共同发挥了自身角色所赋予的作用。在战略决策环节，高层管理团队充当主角，其主要角色任务是把握组织内外环境的变化、收集信息、提出战略愿景并做出战略决策，而中层管理者则充当配角，其主要任务是筛选、合成并传导信息，提供战略方案，参与

第 7 章
研究结论、启示与展望

战略决策；在战略执行环节，中层管理者是核心力量，是战略执行的主角，而高层管理团队发挥了配角作用，特别在战略执行中的沟通、人员调配、引导、监控和评价等活动中扮演了不可或缺的角色。

高层管理团队与中层管理者互动不是自发形成的，关键还依赖二者的互信。高层管理团队与中层管理者的相互信任将影响彼此之间跨层级交流时的角色行为。高层管理团队对中层管理者的信任将使高层管理团队表现出参与式领导行为，这种行为通过增加中层管理者心理授权的感觉，使其体验到心理授权带来的内在激励和组织认同感，促进了中层管理者战略建言行为发生，同时，高层管理团队参与式领导行为在组织中营造一种良好的组织建言氛围，中层管理者也乐于就组织战略问题畅所欲言。中层管理者对高层管理团队的信任将使中层管理者表现出积极参与行为，主动分享来自于企业内外部可能对企业战略决策有作用的异质性资源与信息，并且与高层管理团队信息交流与共享中达成战略共识，有助于战略执行的顺利实施并达到好的战略执行效果。

7.1.2 高层管理团队参与式领导对中层管理者战略建言行为的影响

高层管理团队参与式领导对中层管理者战略建言行为有显著正向影响。高层管理团队参与式领导风格释放了对中层管理者信任的信号，消除了中层管理者因建言所产生各种负面效应的顾虑，增加了中层管理者主动参与战略议题讨论的程度，中层管理者更乐意发表有关战略议题的新想法或新建议。心理授权、组织建言氛围在高层管理团队参与式领导与中层管理者战略建言行为之间起部分中介作用。高层管理团队参与式领导行为越强，中层管理者自我决策、归属感、内心的满足感、主人翁意识等心理授权感觉就越强，也将会对组织战略议题给予更多的关注，也乐意主动分享自己的观点，促进了战略建言行为的发生。同时高层管理团队参与式领导行为越强，在组织中营造了自我管理、民主开放的气氛，中层管理者感知建言所带来的风险也越低，中层管理者在有关战略制定或变革的讨论中会变得畅所欲言。

7.1.3　企业战略决策质量与执行质量指标

在文献研究、深度访谈、专家咨询的基础上编制了战略决策质量问卷与战略执行问卷，其中战略决策质量问卷包含"战略决策有助于企业达成目标"等题项，战略执行质量问卷包含"战略决策过程中对多种方案进行了比较分析"等题项。通过开展问卷调查对样本数据进行了探索性因子分析、信度检验及验证性因子分析、效度检验，得出二因素结构的战略决策质量指标模型与单因素结构的战略执行质量指标模型具有良好的模型适配度。

7.1.4　高层管理团队与中层管理者的互动过程与战略决策质量及战略执行质量的影响

基于信息加工理论和人际交往理论的视角，提出了高层管理团队与中层管理者互动过程包含信息交换与交互影响两个维度。数据统计分析结果也证实了高层管理团队与中层管理者互动过程二维度的划分，并且结构方程模型分析表明，信息交换对战略决策质量及交互影响对战略执行质量的路径显著，而信息交换对战略执行质量及交互影响对战略决策质量的路径系数不显著。这表明高层管理团队与中层管理者之间的信息交换对战略决策质量产生显著的正向影响，二者的交互影响对战略执行质量产生显著的正向影响。

7.2　管理启示

本书系统、深入地探讨了高层管理团队与中层管理者的互动过程与战略决策质量及战略执行质量的影响，获得了以下管理实践启示。

7.2.1　战略管理实践中实现战略决策与战略执行的连续性

战略决策和战略执行是战略管理的两个基本活动，战略影响到组织的业绩至少要经过战略决策和战略执行两个阶段，且二者是一个紧密关联的持续过程。在战略管理实践中，不但要重视战略决策环节，还要重视战略执行环节，很多组织战略失败不是战略决策错误而是归因于战略执行不力。作为企业而言，在战略管理过程中，要实现战略制定与执行的连续性，并且要完整地阐释作为战略管理的主体即高层管理团队与中层管理者对战略管理过程所产生的影响。

7.2.2　组织要重视中层管理者的战略决策参与作用

组织中的中层管理者不但在战略执行中担任重要角色，而且在战略决策过程中也发挥重要作用。中层参与战略决策不仅能够向高层管理团队反映所掌握来自生产和市场的与决策相关的问题及信息，以此提高决策信息的完整性，而且还有利于实现中高层形成战略共识，这样能够使中层更好地把握决策执行以获得良好的决策执行效果。因此，企业的领导者应重视并提高中层管理者的战略决策参与程度，例如可通过提升中层管理者的组织支持感来调动中层管理者参与战略决策的积极性；企业领导者实施参与式领导行为，使中层管理者其体验到心理授权带来的内在激励和组织认同感，激发并充分释放自我潜能，增强参与战略决策的积极性和决策能力；培育组织中的信任氛围，把对中层管理者工作业绩的认可、利益的关心和工作的支持转化为中层管理者对组织的信任，激发中层管理者参与战略决策的主动性和积极性等。

7.2.3　战略互动过程中加强中高层之间的信息交流，深化中高层之间的交互影响

高层管理团队与中层管理者之间的信息交换对战略决策质量产生显著的正向影响及交互影响对战略执行质量产生显著的正向影响的研究结果说明，企业战略决策质量的提高主要是依靠高层管理团队与中层管理者之间的信息交换；战略执行质量的提高主要是依靠高层管理团队与中层管理者之间的交互影响。因而在战略互动过程中，应加强高层管理团队与中层管理者之间的信息交流，广开言路，这有助于发现新问题并探索高质量的战略决策方案，同时，应深化高层管理团队与中层管理者之间的交互影响，在兼顾组织战略目标、双方甚至多方利益诉求的

前提下，彼此通过协商整合得出战略执行方案。而高层管理团队与中层管理者之间广泛的信息交换及良性的交互影响，关键依赖于高层管理团队与中层管理者之间的信任。中层管理者信任高层管理团队，中层管理者会乐于分享自己掌握的生产和市场的一线信息，高层管理团队信任中层管理者，高层管理团队也会反馈自己掌握的信息，这样高层管理团队与中层管理者所掌握的信息将在组织内部得到高效流转和整合，使信息的数量、类型、质量和价值得到最大程度的体现，有助于提高战略决策质量。同时，高层管理团队信任中层管理者将使高层管理团队表现出参与式领导行为，这种领导行为向中层管理者释放了一种民主参与决策的积极信号，会给中层管理人员传递一种强烈的组织认同感，使之产生对组织战略决策过程的参与感，从而能够激励其更好地准确执行相关的战略，中层管理者信任高层管理团队将促使中层管理者积极推进并执行相关的战略方案，这些都有助于提高战略执行质量。目前，组织中高层管理团队与中层管理者之间的互信度还不高，因而对现代组织而言，重塑高层管理团队与中层管理者之间的互信变得非常迫切。

7.3 研究局限与未来研究展望

由于所研究问题的复杂性和笔者的时间和能力所限，本书仍有一些内容和方法上的局限，以及未来有待研究的问题。

7.3.1 研究内容方面

首先，本书探讨高层管理团队与中层管理者的互动对战略决策质量及执行质量的影响时，是从信息交换和交互影响等中高层互动维度来展开分析的，而没有考虑调节变量在高层管理团队与中层管理者的互动对战略决策质量及执行质量的影响过程中的调节影响。事实上，全球化所带来的高复杂性和不确定性、企业自身系统的复杂性及发展非均衡性等因素将对高层管理团队与中层管理者互动过程产生影响，所以，在未来研究中，还需考虑外界环境、系统的复杂性及企业发展阶段等调节变量对高层管理团队与中层管理者互动产生影响的程度，以便更好地阐释高层管理团队与中层管理者的互动对战略管理绩效的影响。

其次，探讨战略管理过程中高层管理团队与中层管理者的角色行为表现时，主要对高层管理团队参与式领导对中层管理者战略建言行为的影响展开了实证研究，而由于时间和能力方面的限制，本书未对中层管理者积极参与对战略执行效果的影响进行实证分析，这有待今后进一步研究。

7.3.2 研究方法方面

第一，高层管理团队与中层管理者互动过程实质上是一个动态过程，由于时间、资源与能力的限制，本书对高层管理团队与中层管理者互动过程的问卷研究采取的是横切面研究方法，这给研究带来了一定的局限性。若能引入典型案例跟踪展开纵向研究，将会提高研究的信度和效度，这将是今后研究中需要进一步完善的地方。

第二，本书进行验证性分析时采用的企业数是 124 家，也就是说高层管理团队有效样本数是 124 个，尽管达到一些学者认定在结构方程建模分析时至少需要 100 个样本的要求，但如果研究样本数能更大一些，比如达到许多学者建议的进行结构方程建模分析时采用样本数为 200 个左右时，结论可能更具有说服力，因此，今后还需进一步扩大样本数量来进行分析。

参考文献

[1] 席酉民. 和谐理论与战略 [M]. 贵阳：贵州人民出版社，1989.

[2] ROULEAU L，BALOGUN J. Middle managers，strategic sensemaking，and discursive competence [J].Journal of management studies，2010，48(5).

[3] 丛龙峰，杨斌. 论战略人力资源管理对战略形成的影响 [J]. 管理学报，2012(11).

[4] CYERT R M，MARCH J G. A behavioural theory of the firm [M].Englewood: Prentice Hall，1963.

[5] HAMBRICK D C，MASON P A. Upper echelons：the organization as a reflection of its top managers [J]. The academy of management review，1984，9(2).

[6] AMASON A C. Distinguishing the effects of functional and dysfunctional conflict on strategic decision making：resolving a paradox for top management teams[J].Journal of academy management，1996，39.

[7] CARPENTER M A，GELETKANYCZ M A，SANDERS W G. Upper echelons research revisited: antecedents，elements，and consequences of top management team composition [J]. Journal of management，2004，30(6).

[8] FINKELSTEIN S. AND HAMBRICK D C. Strategic leadership：top executives and their effects on organizations[M]. Saint Paul :West Publishing Company，1996.

[9] 孙海法，伍晓奕. 企业高层管理团队研究的进展 [J]. 管理科学学报，2003，6(4).

[10] 葛玉辉. 基于人力资本价值因子的高层管理团队与企业绩效关系模型研究 [J]. 科学学与科学技术管理，2007(8).

[11] DUTTON J E，ASHFORD S J. Selling issues to top management [J]. Academy of management

review，1993，18(3).

[12] WOOLDRIDGE B，SCHMID T，FLOYD S W. The middle management perspective on strategy process: contributions，synthesis，and future research[J]. Journal of management，2008，34.

[13] 吴颖宣，施建军，丁雪. 中层管理者研究现状及未来展望 [J]，2016 (5).

[14] Ansoff H I. Corporate strategy:an analytic approach to business policy for growth and expansion[M].New York: McGraw-Hill，1965.

[15] 张国良. 战略管理 [M]. 杭州：浙江大学出版社，2009.

[16] 拜亚斯. 战略管理 [M]. 北京：机械工业出版社，1988.

[17] Glueck W F. Business policy and Strategic management[M].New York: McGraw-Hill，1980.

[18] Wheelen T L，Hunger J D.Strategic management and business policy[M].Upper Saddle: Prentice Hall，2011.

[19] 莫克勒. 战略管理 [M]. 北京：国际文化出版公司，1988.

[20] 戴维. 战略管理 [M]. 北京：经济科学出版社，2001.

[21] 张国良. 战略管理 [M]. 杭州：浙江大学出版社，2009.

[22] 赵丽芬. 管理学：理论与实务 [M]. 上海：立信会计出版社，2016.

[23] 胡大立，陈明. 战略管理 [M]. 2 版. 上海：上海财经大学出版社，2013.

[24] MINTZBERG H，RAISINGHANI D，THEORET A. The structure of "unstructured" decision processes[J]. Administrative science quarterly，1976，21(2).

[25] DEAN J W，SHARFMAN M P. Does decision process matter? a study of strategic decision-making effectiveness[J]. The academy of management journal，1996，39(2).

[26] PORTER M E.Competitive strategy[M].New York: The Free Press，1980.

[27] SHARFMAN M P，DEAN J W. Conceptualizing and measuring the organizational environment: a multidimensional approach[J].Journal of management.，1991，17(4).

[28] BAUM J R，WALLY S. Strategic decision speed and firm performance[J].Strategic management journal，2003，24(11).

[29] FORBES D P.，MILLIKEN F J. Cognition and corporate governance:understanding boards of directors as strategic decision-making groups[J].Academy of management review，1999，24(3).

[30] FERRIER W J. Navigating the competitive landscape: the drivers and consequences of competitive aggressiveness[J]. Academy of management journal，2001，44(4).

[31] RINDOVA V P. What corporate boards have to do with strategy: a cognitive perspective[J].Jour-

nal of management studies, 1999, 36(7).

[32] ANDERSEN T J. Integrating decentralized strategy making and strategic planning processes in dynamic environments[J]. Journal of management studies, 2004, 41(8).

[33] ROGERS P R, MILLE A, JUDGE W Q. Using information processing theory to understand planning/performance relationships in the context of strategy[J].Strategic management journal, 1999, 20(6).

[34] GOLDEN B R, ZAJAC E J. When will boards influence strategy? inclination x power = strategic change[J].Strategic management journal, 2001, 22(12).

[35] HITLER N J, HAMBRICK D C. Conceptualizing executive hubris: the role of (hyper-)core self-evaluations in strategic decision-making[J].Strategic management journal, 2005, 26(4).

[36] ANDERSEN T J. Integrating decentralized strategy making and strategic planning processes in dynamic environments[J].Journal of management studies, 2004, 41(8).

[37] BARR P S. Adapting to unfamiliar environmental events: a look at the evolution of interpretation and its role in strategic change[J].Organization science, 1998, 9(6).

[38] HODGKINSON G P, JOHNSON G. Exploring the mental models of competitive strategists: the case for a processual approach[J]. Journal of management studies, 1994, 31(4).

[39] LAMPEL J, SHAMSIE J. Probing the unobtrusive link: dominant logic and the design of joint ventures at general electric[J]. Strategic management journal, 2000, 21(5).

[40] NADHARNI S, NARAYANAN V K. Strategic schemas, strategic flexibility, and firm performance: the moderating role of industry clockspeed[J]. Strategic management journal, 2007, 28(3).

[41] TEECE D, PISANO G, SHUEN A.Dynamic capabilities and strategic management[J]. Strategic management journal, 1997, 18(7)

[42] LAN R S M, ADVANCED M. Strategic flexibility:a new reality for world-class manufacturing[J].Advanced management journal, 1996.

[43] 瑞克曼, 等. 合作竞争大未来 [M]. 苏怡仲, 译. 北京: 经济管理出版社, 1998.

[44] LARRY B, RAM C. Execution: the discipline of getting things done[M].New York:Crown Business, 2002.

[45] 陈国庆, 兰宝英. 企业战略执行过程中工具系统的研究——基于资源配置的视角 [J]. 经济问题, 2011(2).

[46] RAPERT M I, VELLIQUETTE A, GARRETSON J A. The strategic implementation process evoking strategic consensus through communication[J]. Journal of business research, 2002, 55(4).

[47] BOSSIDY L, CHARAN R. Execution: the discipline of getting things done[J].Crown business, 2002.

[48] 佩帕德, 罗兰. 业务流程再造精要 [M]. 北京：中信出版社, 2003.

[49] 李亚龙, 张黎明. 战略执行流程：一个探索性实证研究 [J]. 企业经济, 2016(9).

[50] 李亚龙, 张黎明. 战略执行流程、中层经理战略承诺与员工绩效及态度——基于多案例的研究 [J]. 企业经济, 2018(4).

[51] STRYKER S, STATHAM.A. The handbook of social psychology[M]New York:Random House, 1985.

[52] BOSSIDY L, CHARAN R. Execution:the discipline of getting things done [M] .New York: Crown Business, 2002.

[53] 斯兰迪. 有效执行：如何完成任务的学问 [M]. 红君, 译. 延吉：延边人民出版社, 2003.

[54] 国富执行力课题组. 本土化执行力模式 [M]. 北京：中国发展出版社, 2004.

[55] 樊志刚. 关注执行力 [J]. 中国城市金融, 2004(3).

[56] HAMBRICK D C, MASON P A. Upper echelons: the organization as a reflection of its top managers[J].The academy of management review, 1984, 9(2).

[57] 李金早, 许晓明. 高阶管理理论及其完善与拓展 [J]. 外国经济与管理, 2008, 30(10).

[58] CYERT R M, MARCH J G. A Behavioural theory of the firm[M].Englewood cliffs:Prentice-Hall, 1963.

[59] MARCH J G, SIMON H A. Organizations[M].New York：Wiley, 1958.

[60] CHILD J. Organizational structure, environment and performance: the role of strategic choice[J]. Sociology, 1972, 6(1).

[61] FINKELSTEIN S, HAMBRICK D C. Strategic leadership: top executives and their effects on organizations[J].West publishing company St, 1996.

[62] HAMBRICK D C, MASON P A. Upper echelons: the organization as a reflection of its top managers[J].The academy of management review, 1984, 9(2).

[63] HALEBLIAN J, FINKELSTEIN S.Top management team size, CEO dominance, and firm performance-the moderating roles of environmental turbulence and discretion[J]. Academy of

management journal, 1993, 36(4).

[64] 贺远琼, 杨文, 陈昀. 基于 Meta 分析的高层管理团队特征与企业绩效关系研究 [J]. 软科学, 2009, 23(1).

[65] WEST G P. Collective cognition: when entrepreneurial teams, not individuals, make decisions.[J]. Entrepreneurship theory and practice, 2007, 31(1).

[66] CARPENTER M A, GELETKANYCZ M A, SANDERS W G. Upper echelons research revisited: antecedents, elements, and consequences of top management team composition[J]. Journal of management, 2004, 30(6).

[67] UYTERHOEVEN H. General managers in the middle[J]. Harvard business review, 1989, 67(5).

[68] ROULEAU L, BALOGUN J. Middle managers, strategic sensemaking and discursive competence[J]. Journal of management studies, 2010, 48(5).

[69] BURGELMAN R A. Designs for corporate entrepreneurship in Established firms, [J].California management review, 1984, 26(3).

[70] FLOYD S W, BILL W, BASS J. The strategic middle manager: how to create and sustain competitive advantage[J].Journal of mental health, 1996.

[71] ROULEAU L, BALOGUN J. Middle managers, strategic sensemaking and discursive competence[J].Journal of management studies, 2010, 48(5).

[72] RAES A M L, HEIJLTJES M G. The interface of the top management team and middle managers: a process model[J]. Academy of management review, 2011, 36(1).

[73] HUY Q N. How middle managers' group-focus emotions and social identities influence strategy implementation[J].Strategy management journal, 2011, 32.

[74] HUY Q N, CORLEY K G, KRAATZ M S. From support to mutiny:Shifting legitimacy judgments and emotional reactions impacting the implementation of radical change[J].Academy of management journal, 2014, 57(1).

[75] COLLIER N, FISHERWICK F, FLOYD S W .Managerial involvement and perceptions of strategy process[J].Long range planning, 2004, 37(1).

[76] FLOYD S W, WOOLDRIDGE B. Middle management involvement in strategy and its association with strategic type[J].Strategic management journal, 1992, 13 (s1).

[77] 吴颖宣, 施建军, 丁雪. 中层管理者研究现状及未来展望 [J]. 学海, 2016(1).

[78] FLOYD S W, WOOLDRIDGE B. Middle management's strategic influence and organizational performance[J].Journal of management studies, 1997, 34.

[79] OUAKOUAK M L, OUEDRAOGO N, MBENGUE A. The mediating role of organizational capabilities in the relationship between middle managers' involvement and firm performance: a European study[J].European management journal, 2014, 32.

[80] AHEARNE M, LAM S K, KRAUS F. Performance impact of middle managers' adaptive strategy implementation: the role of social capital[J].Strategic management journal, 2014, 35(1).

[81] PORTER T B.Inside greening: the role of middle managers' strategic processes, attitudes, and behavior in corporate environmentalism[J].University of massachusetts amherst, 2006.

[82] KURATKO D F, IRELAND R D, COVIN J G, HORNSBY J S. A model of middle-level managers' entrepreneurial behavior[J].Entrepreneurship theory and practice, 2005, 11.

[83] REITZIG M, SORENSON O.Biases in the selection stage of bottom up strategy formulation[J]. Strategic management journal, 2013, 34.

[84] MEYER C B.Destructive dynamics of middle management intervention in post merger processes[J].Journal of applied behavioral science, 2006, 42(4).

[85] KURATKO D F, IRELAND R D, COVIN J G, et al. A model of middle-level managers' entrepreneurial behavior[J].Entrepreneurship theory and practice, 2005, 11.

[86] REN C R, GUO C. Middle managers' strategic role in the corporate entrepreneurial process: attention based effects[J].Journal of management, 2011, 37(6).

[87] MARGINSON D E W. Management control systems and their effects on strategy formation at middle-management levels: evidence from a U.K organization[J].Strategic management journal, 2002, 23.

[88] KURATKO D F, IRELAND R D, COVIN J G, et al. A model of middle-level managers' entrepreneurial behavior[J].Entrepreneurship theory and practice, 2005, 11.

[89] BOYETT I, CURRIE G. Middle managers moulding international strategy: an Irish start up in Jamaican telecoms[J].Long range planning, 2004, 37(1).

[90] LING Y, FLOYD S W, BALDRIDGE D C. Reading the winds in multinational corporations: the impact of culture on issue selling behavior[J].Journal of international business studies, 2005, 36.

[91] DUTTON J E, ASHFORD S J, O'NEILL R M, et al. Reading the wind: how middle

managers assess the context for selling issue to top managers[J].Strategic management journal, 1997, 18.

[92] 王允, 张岩松. 人际沟通与社交礼仪 [M]. 北京: 清华大学出版社, 2015.

[93] 翁开源. 医学人际沟通学 [M]. 北京: 人民军医出版社, 2013.

[94] 徐键忠. 实用公共关系学 [M]. 青岛: 中国海洋大学出版社, 2008.

[95] 谭昆智, 扬力. 人际关系学 [M]. 北京: 首都经济贸易大学出版社, 2007.

[96] 加涅. 学习的条件和教学论 [M]. 皮连生, 等, 译. 上海: 华东师范大学出版社, 1999.

[97] 周道明. 基于信息加工理论的初中英语词汇教学模式研究化 [D]. 南京: 南京师范大学, 2008.

[98] GAGNE R M. Essentials of learning for instruction[M].Upper Saddle River: Prentice Hall, 1988.

[99] 王本贤. 试析认知信息加工理论 [J]. 教育探索, 2009(5).

[100] ORON A, SZYMASZEK A, SZELAG E. Temporal information processing as a basis for auditory comprehension:clinical evidence from aphasic patients[J]. International journal of language and communication disorders, 2015, 50(5).

[101] TUNG L C, YU W H, LIN G H, et al. Development of a tablet-based symbol digit modalities test for reliably assessing information processing speed in patients with stroke[J]. Disability and rehabilitation, 2016, 38(19).

[102] 梅耶. 应用学习科学 心理学大师给教师的建议 [M]. 盛群力, 等, 译. 北京: 华东师范大学出版社, 2016.

[103] 施良方. 阿特金森论教学理论 [J]. 课程教材教法, 1989(5).

[104] 迈耶. 多媒体学习 [M]. 牛勇, 邱香, 译. 北京: 商务印书馆, 2006.

[105] HAMBRICK D C, MASON P A. Upper echelons: the organization as a reflection of its top managers[J]. The academy of management review, 1984, 9(2).

[106] BANTEL K A, JACKSON S E. Top management and innovations in banking: does the composition of the top team make a difference[J].Strategic management journal, 1989, 10 (S1).

[107] HAMBRICK D C, CHO T S, CHEN M J. The influence of top management team heterogeneity on firms' competitive moves[J]. Administrative science quarterly, 1996.

[108] MICHEL J G, HAMBRICK D C. Diversification posture and top management team characteristics[J]. Academy of management journal, 1992.

[109] WEST C T, SCHWENK C R. Top management team strategic consensus, demographic homogeneity and firm performance: a report of resounding nonfindings[J].Strategic management journal, 1996, 17(7).

[110] HAMBRICK D C. Upper echelons theory: an update[J].Academy of management review, 2007, 32(2).

[111] NIELSEN S. Top management team diversity: a review of theories and methodologies[J].International journal of management reviews, 2010, 12(3).

[112] PENNINGS J M, WEZEL F C. Faraway, yet so close: organizations in demographic flux[J]. Organization science, 2010, 21(2).

[113] ROST K, OSTERLOH M. Opening the black box of upper echelons: drivers of poor information processing during the financial crisis[J].Corporate governance: an international review, 2010, 18(3).

[114] SMITH K G, SMITH K A, OLIAN J D, et al. Top management team demography and process: the role of social integration and communication[J].Administrative science quarterly, 1994, 39 (3).

[115] Osterloh M. Opening the black box of upper echelons: drivers of poor information processing during the financial crisis[J].Corporate governance: an international review, 2010, 18(3).

[116] ROST K, OSTERLOH M. Opening the black box of upper echelons: drivers of poor information processing during the financial crisis[J].Corporate governance: an international review, 2010, 18(3).

[117] 熊斌，葛玉辉，陈真英. 高层管理团队研究的视角转向：从人口统计特征到互动过程 [J]. 科技管理研究，2012(23).

[118] 陈忠卫，贾培蕊. 基于心理契约的高层管理团队凝聚力问题研究 [J]. 管理科学，2004, 17(5).

[119] MILLER D, SHAMSIE J. Learning across the life cycle: experimentation and performance among the hollywood studio heads[J].Strategic management journal, 2001, 22(8).

[120] Mintzberg H. Mintzberg on management:Inside our strange world of organizations[M].New York:Free Press, 1989.

[121] UYTERHOEVEN H.Retrospective commentary:general managers in the middle[J].Harvard business review, 1989, 67(5).

[122] 汉尼伯格. 执行在中层 [M]. 石晓军, 译. 北京：机械工业出版社, 2005.

[123] HART S L. An integrative framework for strategy-making processes[J].Academy of management review, 1992, 17(2).

[124] FLOYD S W, WOOLDRIDGE B. Middle management involvement in strategy and its association with strategic type:a research note[J]. Strategic management journal, 1992(13).

[125] DUTTON J E, ASHFORD S J. Selling issues to top management [J]. Academy of management review, 1993, 18(3).

[126] 袁界平. 中层管理者：超竞争环境下成功制定战略的关键 [J]. 经济体制改革, 2005(6).

[127] 孙丽君. 企业创新发展中中层管理者战略角色的中介效应 [J]. 科技管理研究, 2009(8).

[128] WESTLEY F, MINTZBERG H. Visionary leadership and strategic management[J].Strategic management journal, 1989, 10(1).

[129] BURGELMAN R A. Fading memories: a process theory of strategic business exits in dynamic environments[J]. Administrative science quarterly, 1994, 39.

[130] FLOYD S W, WOOLDRIDGE B. Middle managers' strategic influence and organizational performance[J].Journal of management studies, 1997, 34.

[131] 左贵启. 中层管理者战略执行力的阻碍因素与提升对策研究——基于期望理论的视角 [J]. 现代商业, 2010(11).

[132] FAURÉ B, ROULEAU L. The strategic competence of accountants and middle managers in budget making[J]. Accounting, organizations and society, 2011, 36(4).

[133] AHEARNE M, LAM S K, KRAUS F. Performance impact of middle managers' adaptive strategy implementation: the role of social capital[J].Strategic management journal, 2014, 35(1).

[134] 戴万稳, 朱春蕾. 企业中高层管理人员互动对战略管理的影响 [J]. 管理学家 (学术版), 2011(9).

[135] SCHILIT W K. Upward influence activity in strategic decision making: an examination of organizational differences[J].Group and organization studies, 1987, 12.

[136] LAUTERBACH K E, WEINER B J. Dynamics of upward influence:How male and female managers get their way[J].Leadership quarterly, 1996, 7(1).

[137] REN C R, GUO C. Middle managers' strategic role in the corporate entrepreneurial process: attention- based effects[j].Journal of management, 2011, 37(6).

[138] 陈曦，宋合义，谭乐. 高层管理团队对中层领导者行为风格与领导绩效关系的调节作用[J]. 软科学，2011，25(1).

[139] JULIA B, GERRY J. Organizational restructuring and middle manager sensemaking[J].Academy of management journal，2004，47(4).

[140] CURRIE G, STEPHEN J P. The antecedents of middle managers strategic contribution:The case of a professional bureaucracy[J].Journal of management studies，2005，42(7).

[141] WOOLDRIDGE B, SCHMID T, FLOYD S W. The middle manager perspective on strategy process:contributions, synthesis, and future research[J].Journal of management，2008，34: 1190.

[142] 崔松，胡蓓. 高层管理团队研究的不足与前瞻[J]. 华东经济管理，2007，21(6).

[143] MASON A C, FREDRICKSON J W. Top management teams, global strategic posture, and the moderating role of uncertainty[J]. Academy of management journal，2001，44.

[144] MICHAEL R A. The stable core and dynamic periphery in top management teams[J]. Management decision，2003，41(2).

[145] LOWE J.Trust: the invaluable asset.Insights on leadership:service[J].Stewardship, spirit, and servant –leadership，1998，3.

[146] DALEY D M. Management practices and the uninvolved manager: the effect of supervisory attitudes on perceptions of organizational trust and change orientation[J].Public personnel management，1991，120(1).

[147] PATTERSON M, WARR P, WEST M. Organizational climate and company productivity: the role of employee affect and employee level[J].Journal of occupational and organizational psychology，2004，77(2).

[148] LIKERT R. The human organization: its management and values[M]. NY:McGraw –Hill，1967.

[149] WHITENER E M, BRODT S E, KORSGAARD M A, et al. Managers as initiators of trust：an exchange relationship framework for understanding managerial trustworthy behavior[J]. Academy of management review，2016，23(3).

[150] FLOYD S W, WOOLDRIDGE B. Middle management' strategic influence and organizational performance[J] .Journal of management studies，1997，34(3).

[151] LIU W, ZHU R, YANG Y. I warn you because i like you: voice behavior, employee identifications, and transformational leadership[J].The leadership quarterly，2010，21(1).

[152] KWAN H K, LIU J, YIM F H. Effects of mentoring functions on receivers organizational citizenship behavior in a Chinese context: a two-study investigation[J].Business research, 2011, 64.

[153] STACEY C M, PAUL T J, IAN J D.Promoting safety voice with safety-specific transformational leadership: the mediating role of two dimensions of trust[J].Occupational health psychology, 2012, 17(1).

[154] 周浩, 龙立荣. 变革型领导对下属进谏行为的影响: 组织心理所有权与传统性的作用 [J]. 心理学报, 2012, 44(3).

[155] 叶云清. 领导风格对员工建言行为的影响研究 [D]. 天津: 南开大学, 2011.

[156] HSIN-HUA, HSIUNG. Authentic leadership and employee voice behavior: a multi-level psychological process[J].Journal of business ethics, 2012, 3(107).

[157] JAMES A, TARA W, MICHAEL P. Exploring the process of ethical leadership: the mediating role of employee voice and psychological ownership[J].Joural of business ethics, 2012, 107(1).

[158] 景保峰. 家长式领导对员工建言行为影响的实证研究 [D]. 广州: 华南理工大学, 2012.

[159] 严丹, 黄培伦. 辱虐管理对建言行为影响及机制 [J]. 管理工程学报, 2012, 26(4).

[160] BOTERO I C, DYNE L V. Employee voice behavior interactive effects of LMX and power distance in the United States and Colombia[J].Management communication quarterly, 2009, 23(1).

[161] 伍争荣. 领导—成员交换对建言行为的影响及其作用机制 [D]. 杭州: 浙江工商大学, 2012.

[162] LIKERT R. New patterns of management[M]. New York : McGraw-Hill, 1961.

[163] HOUSE R J. A path goal theory of leader effectiveness[J].Administrative science quarterly, 1971(3).

[164] VROOM V, YETTON P. Leadership and decision making[M].Pittsburgh:University of pittsburgh, 1973.

[165] SOSIK J J, AVOLIO B J, KAHAI S S.Effects of leadership style and anonymity on group potency and effectiveness in a group decision support system environment[J].Journal of applied psychology, 1997, 82.

[166] KOOPMAN P L, DRENTH P J D, BUS F B M, et al. Content, process and effect of participative decision making on the shop floor: Three cases in the Netherlands[J].Human relations, 1981, 34 (8).

[167] ARNOLD J A, RAD S A, RHOADES J A, et al. The empowering leadership questionnaire:

the construction and validation of a new scale for measuring leader behaviors[J]. Journal of organizational behavior, 2000, 21(3).

[168] WAGEMAN R. How leaders foster self-managing team effectiveness: design choices versus hands-on coaching[M]. Hanover: Informs Press, 2001.

[169] SOMECH A. Relationships of participative leadership with relational demography variables: a multi-level perspective[J]. Journal of organizational behavior, 2003, 24(8).

[170] 陈雪峰, 时勘. 参与式领导行为的作用机制: 来自不同组织的实证分析 [J]. 管理世界, 2008(3).

[171] HUANG X, IUN J, LIU A, et al. Does participative leadership enhance work performance by inducing empowerment or trust? the differential effects on managerial and no-managerial subordinates[J]. Journal of organizational behavior, 2010, 31(1).

[172] MIAO Q, NEWMAN A, HUANG X. The impact of participative leadership on job performance and organizational citizenship behavior:distinguishing between the mediating effects of affective and cognitive trust[J]. The international journal of human resource management, 2014, 25(20).

[173] MONIKA R, VIERA F. The feature of participative management style [J]. Procedia economics and finance, 2015, 23 (15).

[174] CHEN X P. Leadership behavior and employees intention to leave[M].Beijing: Peking University Press, 2002.

[175] 陈雪峰, 时勘. 员工满意度与参与式领导行为和绩效的关系 [J]. 人类工效学, 2009, 15(1).

[176] HIRSCHMAN A O. Exit, voice, and loyalty: Responses to decline in firms, organizations, and states. Cambridge [M].MA: Harvard University Press, 1970.

[177] RUSBULT C E, FARRELL D. A longitudinal test of the investment model: the impact on job satisfaction, job commitment, and turnover of variations in rewards, costs, alternatives, and investments[J].Journal of applied psychology, 1983, 68(3).

[178] WITHEY M J, COOPER W H.Predicting exit, voice, loyalty and neglect[J]. Administrative science quarterly, 1989, 34(4).

[179] LIANG J, FARH J L. Promotive and Prohibitive Voice Behavior in Organ izations: A Two-Wave Longitudinal Examination.[C]Third International Association of Chinese Management Re-

search Conference, Guangzhou, China, June 18-22, 2008

[180] MORRISON E W. Employee voice and silence[J]. Annual review of organizational psychology and organizational behavior, 2014(1).

[181] CONGER J A, KANUNGO R N. The empowerment process: integrating theory and practice[J]. Academy of management review, 1988, 3.

[182] THOMAS K W, VELTHOUSE B A. Cognitive elements of empowerment: an "interpretive" model of intrinsic task motivation"[J]. Academy of management review, 1990, 15(4).

[183] SPREITZER G M. Psychological empowerment in the workplace: dimensions, measurement, and validation[J]. Academy of management journal, 1995(38).

[184] LEACH D J, WALL T D, JACKSON P R. The effect of empowerment on job knowledge: an empirical test involving operators of complex technology[J]. Journal of occupational and organizational psychology, 2003, 76(1).

[185] AHEARNE M, MATHIEU J, RAPP A. To empower or not to empower your sales force? an empirical examination of the influence of leadership empowerment behavior on customer satisfaction and performance[J]. Journal of applied psychology, 2005, 90(5).

[186] LEPINE J A, DYNE L V. Predicting voice behavior in work groups[J]. Journal of applied psychology, 1998, 83(6).

[187] SCHNEIDER B, REICHERS A. On the etiology of climate[J]. Personnel psychology, 2010, 36(1).

[188] MORRISON E W, WHEELER-SMITH S L, KAMDAR D. Speaking up in groups: a cross-level study of group voice climate and voice[J]. Journal of applied psychology, 2011, 96(1).

[189] 田晓明, 王先辉, 段锦云. 组织建言氛围的概念、形成机理及未来展望[J]. 苏州大学学报, 2011(6).

[190] 施放, 邢佳佳. 组织建言氛围对组织战略变革的作用研究——以组织学习为中介[J]. 浙江工业大学学报(社会科学版), 2018, 17(2).

[191] DUTTON J E, ASHFORD S J. Selling issues to top management[J]. Academy of management review, 1993, 18(3).

[192] 孙丽君. 企业创新发展中中层管理者战略角色的中介效应[J]. 科技管理研究, 2009(8).

[193] 陈雪峰, 时勘. 参与式领导行为的作用机制: 来自不同组织的实证分析[J]. 管理世界,

2008，26.

[194] CONGER J A，KANUNGO R N，MENON S T. Charismatic leadership and follower effects[J].Journal of organizational behavior，2000，21(7).

[195] AVOLIO B J，ZHU W C，KOH W，et al. Transformational leadership and organizational commitment: mediating role of psychological empowerment and moderating role of structural distance[J].Journal of organizational behavior，2004，25(8).

[196] HUANG X，SHI K，ZHANG Z J，et al. The impact of participative leadership behavior on psychological empowerment and organizational commitment in Chinese state-owned enterprises: the moderating role of organizational tenure[J].Asia pacific journal of management，2006，23(3).

[197] ARYEE S，CHEN Z X. Leader–member exchange in a Chinese context: antecedents，the mediating role of psychological empowerment and outcomes[J]. Journal of business research，2006，59(7).

[198] KIM B，GEORGE R T. The relationship between leader-member exchange (LMX) and psychological empowerment: a quick casual restaurant employee correlation study[J].Journal of hospitality and tourism Research，2005，29(4).

[199] PECCEI R，ROSENTHAL P.Delivering customer-oriented behavior through empowerment: an empirical test of HRM assumptions[J].Journal of management studies，2001，38(6).

[200] HANCER M，GEORGE R T. Psychological empowerment of non-supervisory employees working in full-service restaurants[J].Hospitality management，2003.

[201] HUANG X，SHI K，ZHANG Z J，et al. The impact of participative leadership behavior on psychological empowerment and organizational commitment in Chinese state-owned enterprises: the moderating role of organizational tenure[J].Asia pacific journal of management，2006，23(3).

[202] 陈雪峰，时勘.参与式领导行为的作用机制：来自不同组织的实证分析 [J].管理世界，2008.

[203] MORRISON E W，WHEELER-SMITH S L，KAMDAR D. Speaking up in groups：a cross-level study of group voice climate and voice[J]. Applied psychology，2011，96(1).

[204] ARNOLD J A，ARAD S，RHOADES J A，et al. The empowering leadership questionnaire:the construction and validation of a new scale for measuring leader behaviors[J].Journal of organizational behavior，2000，21(3).

[205] SPREITZER G M.Psychological empowerment in the workplace: dimensions, measurement and validation[J].Academy of management journal, 1995, 38(5).

[206] 李超平, 李晓轩, 时勘, 等. 授权的测量及其与员工工作态度的关系 [J]. 心理学报, 2006(1).

[207] 刘云. 组织创新气氛对员工创新行为的影响过程研究——基于心理授权与激励偏好的实证分析 [D]. 上海：上海交通大学, 2006.

[208] FRAZIER M L, BOWLER W M. Voice climate, supervisor undermining, and work outcomes:a group-level examination[J].Journal of management, 2015, 41(3).

[209] DYNE L V, LEPINE L A. Helping and voice extra-role behavior:evidence of construct and predictive validity[J].Academy of management journal, 1998, 41(1).

[210] KAISER H F. An index of factorial simplicity[J].Psychomctrika, 1974(39).

[211] 吴明隆. 结构方程模型 :AMOS 的操作与应用 [M]. 重庆：重庆大学出版社, 2009.

[212] MACCALLUM R C, HONG S. Power analysis in covariance structure modeling using GFI and AGFI[J].Multivariate behavioral research, 1997, 32.

[213] 侯杰泰, 温忠麟, 成子娟, 等. 结构方程模型及其应用 [M]. 北京：教育科学出版社, 2004.

[214] 黄芳铭. 结构方程模式：理论与应用 [M]. 北京：中国税务出版社, 2005.

[215] BARON R M, KENNY D A. The moderator-mediator variable distinction in social psychological research: conceptual, strategic, and statistical considerations[J]. Journal of personality and social psychology, 1986, 51(6).

[216] TILLES S. How to evaluate corporate strategy[J].Harvard business review, 1963, 41(4).

[217] SCHWEIGER D M, SANDBERG W R, RAGON J W. Group approaches for improving strategic decision making: a comparative analysis of dialectical inquiry, devill's advocacy and consensus approaches to strategic decision making[J].Academy of management journal, 1986(32).

[218] DOOLEY R S, FRYXELL G E. Attaining decision quality and commitment from dissent: the moderating effects of loyalty and competence in strategic decision-making teams[J]. Academy of management journal, 1999, 42(4).

[219] MICHIE, DOOLEY, FRYXELL.Top management team heterogeneity, consensus, and collaboration:a moderated mediation model of decision quality[J].Academy of management proceedings, 2002(1).

[220] DANIEL P F. Reconsidering the strategic implications of decision comprehensiveness [J]. Academy of management review, 2007, 32(2).

[221] 汪丽. 企业共同愿景与战略决策质量关系的实证研究 [J]. 科学学与科学技术管理, 2006(10).

[222] 郭立新, 陈传明. 企业家社会资本与企业绩效——以战略决策质量为中介 [J]. 经济管理, 2011, 33(12).

[223] 新春, 刘莉. "家族性"影响因素、战略决策质量与竞争优势关系探析 [J]. 外国经济与管理, 2008, 30(1).

[224] 陈权. 情绪智力对高层管理团队冲突、行为整合及战略决策绩效影响研究 [D]. 镇江：江苏大学, 2013.

[225] AL-GHAMDI, SALEM M. Obstacles to successful implementation of strategic decision: the british experience[J].European business review, 1998, 98(6).

[226] BRYSON J, BROMILEY P.Philip: critical factors affecting the planning and implementation of major projects[J]. Strategic management journal, 1993, 14.

[227] 薛云奎, 齐大庆, 韦华宁. 企业战略执行现状及执行力决定因素分析 [J]. 管理世界, 2005(9).

[228] 杨生斌, 孟宪芳, 王立行, 等. 高绩效工作系统、组织公民行为对技术创新战略执行的影响——基于航空研究所的实证研究 [J]. 情报杂志, 2009, 28(12).

[229] 黄亮. 高层管理团队支持对中小民营企业战略执行绩效的影响：环境不确定性的调节作用 [J]. 软科学, 2012, 26(5).

[230] 魏虹. 企业家社会资本与战略执行效果——战略共识的中介效应研究 [D]. 南京：南京大学, 2012.

[231] KELLOWAY E K.Using LISREL for structural equation modeling:a researcher's guide[M]. Los Angeles: Sage Publications, 1998.

[232] HAIR J F, ANDERSON R F, TATHAM R L, BLACK W C. Multivariate data analysis: 5th[M].New Jersey: Prentice Hall inc, 1998.

[233] HART S L. An integrative framework for strategy-making processes[J]. Academy of management review, 1992, 17(2).

[234] ROULEAU L, BALOGUN J. Middle managers, strategic sensemaking, and discursive competence[J].Journal of management studies, 2010, 48(5).

[235] 丛龙峰，杨斌. 论战略人力资源管理对战略形成的影响 [J]. 管理学报，2012 (11).

[236] FLOYD S W，WOOLDRIDGE B. Middle management involvement in strategy and its association with strategic type: a research note[J].Strategic management journal，1992(13).

[237] WOOLDRIDGE B，SCHMID T，FLOYD S W. The middle management perspective on strategy process: contributions，synthesis，and future research[J].Journal of management，2008，34(6).

[238] BRIEN O D，SCOTT S P. The role of the middle manager in the strategy development process of the multinational subsidiary[C].Dublin institute of technology conference papers，2009.

[239] BURGELMAN R A. Fading memories: aprocess theory of strategic business exits in dynamic environments[J]. Administrative science quarterly，1994，39.

[240] FLOYD S W，WOOLDRIDGE B. The strategy process，middle management involvement，and organizational performance[J].Strategic management journal，1990，11 (3).

[241] VILA J，CANALES J L. Can strategic planning make strategy more relevant and build commitment over time[J]. The case of racc，long range planning，2008，41(3).

[242] RAES A M L，HEIJLTJES M G，GLUNK U，et al. The Interface of the top management team and middle managers:a process model[J].Academy of management review，2011，36(1).

[243] 席酉民. 和谐理论与战略 [M]. 贵州：贵州人民出版社，1989.

[244] DOOLEY R S，FRYXELL G E. Attaining decision quality and commitment from dissent: the moderating effects of loyalty and competence in strategic decision- making teams[J].Academy of management journal，1999(42).

[245] FLOYD S W，LANE P J. Strategizing throughout the organization: managing role conflict in strategic renewal[J].Academy of management review，2000，25(1).

[246] 黄金鑫，陈传明，陆奇岸. 中高层管理团队互动界面对企业竞争优势作用机理研究 [J]. 广西社会科学，2013(7).

[247] FLOYD S W，WOOLDRIDGE B. Managing strategic consensus:the foundation of effective implementation[J].Academy of management executive，1992，6(4).

[248] HAMBRICK D C. Top management groups: a conceptual integration and reconsideration of the team label[J].Research in organizational behavior，1994，16.

[249] SIMSEK Z，VEIGA J F，LUBATKIN M H，et al. Modeling the multilevel determinants of top management team behavioral integration[J].Academy of management journal，2005，48(1).

[250] CANNELI A, SCHAUBROECK J. Top management team behavioral integration, decision quality, and organizational decline[J].The leadership quarterly, 2006, 17(5).

[251] HAMBRICK D C, CANNELLA A A.Strategy implementation as substance and selling[J]. Academy of management executive, 1989, 3(4).

[252] FLOYD S W, WOOLDRIDGE B. Managing strategic consensus: The foundation of effective implementation[J].Academy of management executive, 1992, 6(4).

[253]NOBLE C H. The eclectic roots of strategy implementation research[J]. Journal of business research, 1999, 45.

[254] HAIR J F, ANDERON R E, TATHAM R L, et al. Multivariate data analysis[M].New Jersey:Prentice Hall Inc, 1998.

[255] KELLOWAY E K. Using LISREL for structural equation modeling: a researcher's guide[M]. Los Angeles: Sage Publications, Inc, 1998.

[256] 唐拥军, 张国良. 战略管理 [M]. 武汉: 武汉理工出版社, 2005.

[257] 陈悦明. 高层梯队特征组成法研究综述 [J]. 技术经济与管理研究, 2013 (1): 58-61.

[258] 王有智, 欧阳仑. 心理学基础 原理与应用 [M]. 北京: 首都经贸大学出版社, 2012.

附录　调查问卷

高层管理团队与中层管理者互动对战略决策质量及执行质量的影响的调查问卷

尊敬的先生/女士：

您好！非常感谢您百忙之中填写这份问卷。

这是一份学术研究问卷，问卷的调查对象是企业中高层管理人员，旨在探究高层管理团队与中层管理者互动对战略决策质量及执行质量的影响。本书郑重承诺，本次受访者提供的所有资料与数据将只用于学术研究，我们保证对您提供的所有信息严格保密，绝不会泄露受访者的任何隐私。问卷的回答没有对错之分，为了使本书能获得真实的结论，希望您能够填上您的真实想法。本书问卷填写大约占您15分钟时间，您的答案将对本书的开展具有十分重要的意义。由于答题不全的问卷无法进行统计分析，请您答题时不要遗漏。谢谢！

衷心感谢您的无私协助，并祝您工作顺利、万事如意！

释义：

【1】高层管理团队：是指参与企业决策和战略决策，对企业经营管理有很大决策权和控制权的相关群体，包括董事长、总经理、副总经理、各部门总监等。

【2】中层管理者：是指位于高级管理者之下，一线主管之上的管理者，是组织战略和日常活动的传递者，包括一般的直线经理、职能经理和团队或项目执行主管等。

【3】参与式领导：指领导在作决策之前会询问下属的意见，并且鼓励下属参与决策制定，最终共享决策权的一种领导风格。

【4】心理授权：指对组织授权行为的心理认知，是个体体验到的内在动机的综合体，这个体验综合体包括工作意义、自我效能感、工作影响和选择四个部分。

【5】高层管理团队与中层管理者的互动过程：从信息加工理论视角来看，高层管理团队与中层管理者的互动就是彼此信息交换的过程。从人际交往理论视角来看，高层管理团队与中层管理者的互动就是交互影响的过程。

【6】战略决策质量：指决策与外部环境、内部资源和能力以及企业主要目标相一致的程度。

【7】战略执行质量：指战略举措是否都能得到有效执行以及涉及战略举措能否在既定的时间和预算的资源范围内得以实现等内容。

一、基本资料（请根据您的情况在相应的括号里画"√"）。

1. 您的性别： （ ）男 （ ）女
2. 您的年龄：
   （ ）25～35岁 （ ）36～45岁 （ ）46～55岁 （ ）56岁及以上
3. 您的学历： （ ）大专以下 （ ）大专 （ ）本科 （ ）研究生
4. 您所在企业成立年限：
   （ ）1～2年 （ ）2～3年 （ ）3～5年 （ ）5年以上
5. 您企业所属行业： （ ）制造业 （ ）商贸业 （ ）服务业 （ ）房地产业
   （ ）属其他行业的，请在前面括号填上行业名称
6. 您在企业是属于何管理层级： （ ）高层 （ ）中层 （ ）基层
7. 您从事现职年限：
   （ ）<1年 （ ）1～2年 （ ）2～3年 （ ）3年以上

二、以下句子是关于参与式领导的描述。请仔细阅读并就您所在企业的实际状况，评价您对这些描述的同意程度，请在相应的数字上画"√"，所有的项目没有对错之分。

① 非常不符合 ② 有些不符合 ③ 不能确定 ④ 有些符合 ⑤ 非常符合

T1. 高层管理团队鼓励中层管理者表达自己的观点和建议。 ① ② ③ ④ ⑤
T2. 高层管理团队乐于倾听中层管理者的想法和意见。 ① ② ③ ④ ⑤

T3. 高层管理团队会听取中层管理者的合理化建议。　　① ② ③ ④ ⑤
T4. 高层管理团队会给中层管理者提意见的机会。　　① ② ③ ④ ⑤
T5. 高层管理团队不会贸然否决中层管理者的提议。　① ② ③ ④ ⑤
T6. 高层管理团队不会一意孤行。　　　　　　　　　① ② ③ ④ ⑤

　　三、以下句子描述了心理授权的一些表现和特征，请仔细阅读并就您所在企业的实际状况，评价您对这些描述的同意程度，请在相应的数字上画"√"，所有的项目没有对错之分。

| ① 非常不符合　② 有些不符合　③ 不能确定　④ 有些符合　⑤ 非常符合 |

PE1 我所做的工作对我来说非常有意义。　　　　　　① ② ③ ④ ⑤
PE2 工作上所做的事对我个人来说非常有意义。　　　① ② ③ ④ ⑤
PE3 我的工作对我来说非常重要。　　　　　　　　　① ② ③ ④ ⑤
PE4 我掌握了完成工作所需要的各项技能。　　　　　① ② ③ ④ ⑤
PE5 我自信自己有干好工作上的各项事情的能力。　　① ② ③ ④ ⑤
PE6 我对自己完成工作的能力非常有信心。　　　　　① ② ③ ④ ⑤
PE7 我自己可以决定如何来着手来做我的工作。　　　① ② ③ ④ ⑤
PE8 在如何完成工作上，我有很大的独立性和自主权。① ② ③ ④ ⑤
PE9 在决定如何完成我的工作上，我有很大的自主权。① ② ③ ④ ⑤
PE10 我对发生在本部门的事情的影响很大。　　　　 ① ② ③ ④ ⑤
PE11 我对发生在本部门的事情起着很大的控制作用。 ① ② ③ ④ ⑤
PE12 我对发生在本部门的事情有重大的影响　　　　 ① ② ③ ④ ⑤

　　四、以下句子是关于组织建言氛围的描述。请仔细阅读并就您所在企业的实际状况，评价您对这些描述的同意程度，请在相应的数字上画"√"，所有的项目没有对错之分。

| ① 非常不符合　② 有些不符合　③ 不能确定　④ 有些符合　⑤ 非常符合 |

OVC1 组织鼓励成员对影响组织生存与发展问题提出建议　① ② ③ ④ ⑤

OVC2 组织鼓励成员参与到影响组织的事务之中 ① ② ③ ④ ⑤

OVC3 组织鼓励成员即使持不同甚至反对的意见，也把自己关于工作的不同看法和同事交流 ① ② ③ ④ ⑤

OVC4 组织鼓励成员说出对组织可能有帮助的观点 ① ② ③ ④ ⑤

OVC5 组织鼓励成员积极参与到影响组织工作质量的议题中 ① ② ③ ④ ⑤

OVC6 组织鼓励成员就工作程序中的新方案或新变化提出自己的建议想法
① ② ③ ④ ⑤

　　五、以下句子是关于中层管理者战略建言行为的描述。请仔细阅读并就您所在企业的实际状况，评价您对这些描述的同意程度，请在相应的数字上画"√"，所有的项目没有对错之分。

① 非常不符合 ② 有些不符合 ③ 不能确定 ④ 有些符合 ⑤ 非常符合

MMSVB1 我曾向高层管理者就企业战略决策议题表达过自己的想法或意见
① ② ③ ④ ⑤

MMSVB2 我曾就企业战略执行议题与高层管理者进行了反馈、沟通与协调
① ② ③ ④ ⑤

MMSVB3 我曾向高层管理者就企业战略业绩度量表达过自己的想法或意见
① ② ③ ④ ⑤

MMSVB4 我曾向高层管理者就企业战略调整表达过自己的想法或意见
① ② ③ ④ ⑤

　　六、以下句子是关于高层管理团队与中层管理者的互动过程描述。请仔细阅读并就您所在企业的实际状况，评价您对这些描述的同意程度，请在相应的数字上画"√"，所有的项目没有对错之分。

① 非常不符合 ② 有些不符合 ③ 不能确定 ④ 有些符合 ⑤ 非常符合

IP1. 高层管理团队与中层管理者之间交流产生解决问题的高效方案
① ② ③ ④ ⑤

IP2. 高层管理团队与中层管理者之间交流产生高水平的创造力和创新精神
① ② ③ ④ ⑤

IP3. 高层管理团队与中层管理者之间交流能够产生有价值的想法和理念
① ② ③ ④ ⑤

IP4. 高层管理团队向中层管理者传递一种强烈的企业认同感
① ② ③ ④ ⑤

IP5. 中层管理者拥有的生产、市场等第一手信息对高层管理团队决策产生影响
① ② ③ ④ ⑤

IP6. 高层管理团队与中层管理者之间通过交流能说服对方达成共识
① ② ③ ④ ⑤

IP7. 高层管理团队在战略执行过程中的人员配置、引导、控制和评价等活动中对中层管理者产生影响
① ② ③ ④ ⑤

七、以下句子是关于战略决策质量的描述。请仔细阅读并就您所在企业的实际状况，评价您对这些描述的同意程度，请在相应的数字上画"√"，所有的项目没有对错之分。

① 非常不符合　② 有些不符合　③ 不能确定　④ 有些符合　⑤ 非常符合

SDQ1 战略决策有助于企业达成目标　　　　　　　　① ② ③ ④ ⑤
SDQ2 决策团队对决策规范性满意　　　　　　　　　① ② ③ ④ ⑤
SDQ3 战略决策有助于提高企业的整体效率　　　　　① ② ③ ④ ⑤
SDQ4 战略决策过程中考虑了企业内部可利用的资源　① ② ③ ④ ⑤
SDQ5 战略决策过程中考虑了外部环境及其动态变化　① ② ③ ④ ⑤
SDQ6 战略决策过程中对多种方案进行了比较分析　　① ② ③ ④ ⑤
SDQ7 战略决策过程中对决策方案风险进行了可控性评估 ① ② ③ ④ ⑤

八、以下句子是关于战略执行质量的描述。请仔细阅读并就您所在企业的实际状况，评价您对这些描述的同意程度，请在相应的数字上画"√"，所有的项目没有对错之分。

| ① 非常不符合 ② 有些不符合 ③ 不能确定 ④ 有些符合 ⑤ 非常符合 |

SIQ1 战略措施能够有效贯彻执行　　　　　　　　① ② ③ ④ ⑤
SIQ2 战略执行有助于提高企业市场份额　　　　　　① ② ③ ④ ⑤
SIQ3 战略执行有助于提高企业销售增长率　　　　　① ② ③ ④ ⑤
SIQ4 战略执行有助于提高企业运营能力　　　　　　① ② ③ ④ ⑤